创意美术教育的
理论与实践

潘雪霁　邓彦锋　著

陕西新华出版
陕西人民美术出版社
SHAANXI PEOPLE'S FINE ARTS PUBLISHING HOUSE
——西安——

图书在版编目（CIP）数据

创意美术教育的理论与实践 / 潘雪霁，邓彦锋著.
西安：陕西人民美术出版社，2024. 9. -- ISBN 978-7
-5368-4140-6

Ⅰ. G613.6

中国国家版本馆CIP数据核字第20243PA551号

责任编辑：邢　羽
装帧设计：徽墨文化

创意美术教育的理论与实践
CHUANGYI MEISHU JIAOYU DE LILUN YU SHIJIAN

作　　者	潘雪霁　邓彦锋
出版发行	陕西人民美术出版社
地　　址	陕西省西安市雁塔区登高路1388号
邮政编码	710061
经　　销	新华书店
印　　刷	廊坊市新景彩印制版有限公司
规格开本	710mm×1000mm　1/16
印　　张	11.75
字　　数	195千字
版　　次	2024年9月第1版
印　　次	2024年9月第1次印刷
书　　号	ISBN 978-7-5368-4140-6
定　　价	70.00元

版权所有·请勿擅用本书制作各类出版物·违者必究

前　言

在当今社会，创意美术教育的重要性日益凸显。艺术不仅是审美的享受，更是思想的表达和创新的源泉。然而，如何有效地激发学生的创造力、审美能力和艺术表现力，一直是教育工作者面临的挑战。本书旨在系统地探讨创意美术教育的理论与实践，为教育工作者提供理论支持和实践指导，促进学生全面素质的培养与社会创新能力的提升。

在本书中，首先回顾了创意美术教育的理论基础。通过对心理学、教育学和美学等领域的相关理论进行梳理和分析，深入探讨了创意美术教育的定义、核心价值与目标，以及国内创意美术教育理论研究和发展的现状。其次，探讨了创意美术教育的课程设计与开发。从设计原则与方法、不同年龄段学生的课程设置到实施效果的案例分析，全面考量了课程设计的关键问题，旨在为教育工作者提供可操作的指导。在教学方法与技巧方面，提供了多种激发学生创意潜能和提升学生艺术表现能力的教学方法与策略。通过运用多媒体与互动性工具，探索了创新的教学手段，以期激发学生的学习兴趣和潜能。评价与反馈是教育过程中不可或缺的环节，在本书中，研究了创意美术作品的评价标准与方法，以及反馈与指导在学生创作过程中的作用，旨在帮助教育工作者更好地引导学生，促进其艺术创作能力的提升。此外，还探讨了创意美术教育的跨学科融合，以及其对学生综合能力培养的影响。通过其与科技、工程、数学等学科的融合，我们期待能够培养出更具综合能力的学生，为未来社会的发展注入新的活力。接着探讨了创意美术教育在社会服务和文化创意产业中的应用前景。最后,展望了创意美术教育未来的发展方向与挑战。本书旨在为创意美术教育的未来发展提供参考和启示,为教育改革和创新提供理论支持和实践经验。

  期待本书能够为广大教育工作者提供有益的参考,望与同侪共同致力于推动创意美术教育事业发展,为培养更多有创造力、有思想、有担当的社会新人而努力奋斗。

目 录

第一章 导论 ··· 1
    第一节 研究背景 ·· 1
    第二节 研究目的与意义 ··· 2
    第三节 研究方法 ·· 4

第二章 创意美术教育的理论基础 ··· 7
    第一节 创意美术教育的定义、核心价值与目标 ······················ 7
    第二节 心理学、教育学、美学等相关理论对创意美术教育的启示与支撑 ··· 12
    第三节 国内创意美术教育理论研究的发展概况 ····················· 16

第三章 创意美术教育的课程设计与开发 ································ 22
    第一节 创意美术教育课程的设计原则与方法 ························ 22
    第二节 不同年龄段学生的创意美术课程设置 ························ 28
    第三节 结合实际案例分析高校创意美术教育课程的实施效果 ····· 46

第四章 创意美术教育的教学方法与技巧 ································ 54
    第一节 激发学生创造力的教学方法与策略 ··························· 54
    第二节 提升学生审美能力与艺术表现力的教学技巧 ················ 68
    第三节 运用多媒体与互动性工具促进创意美术教学的创新 ······· 79

第五章 创意美术教育的评价与反馈 ····································· 86
    第一节 创意美术作品评价的标准与方法 ······························ 86
    第二节 学生创意美术作品展示与评议的实践经验 ·················· 92
    第三节 反馈与指导在创意美术教育中的作用与价值 ·············· 103

第六章 创意美术教育与跨学科融合 111

第一节 创意美术教育与科技、工程、数学等学科的融合与互动 ……… 111

第二节 探索创意美术教育与其他学科合作的新模式与实践案例 ……… 128

第三节 跨学科融合对学生综合能力培养的影响与意义 ……………… 132

第七章 创意美术教育的社会影响与实践探索 146

第一节 创意美术教育对个体成长与社会发展的积极作用 …………… 146

第二节 社区创意美术教育项目的实践经验与效果评估 ……………… 152

第三节 探讨创意美术教育在社会服务与文化创意产业中的应用前景 … 160

第八章 创意美术教育未来的发展与挑战 166

第一节 分析当前创意美术教育面临的挑战与机遇 …………………… 166

第二节 提出未来创意美术教育发展的战略方向与建议 ……………… 169

第三节 探讨创意美术教育与未来社会发展趋势的关系 ……………… 173

参考文献 179

第一章 导论

第一节 研究背景

随着社会的不断发展，创意美术教育作为一种突破传统、注重个性发展的教育方式，逐渐受到人们的关注和重视。创意美术教育不仅是一种艺术教育形式，更是一种培养学生创造力和审美能力的重要途径。在这种教育模式下，教师的角色不再是传统意义上的知识传授者，而是学生创意能力的引导者和支持者。尽管创意美术教育在理论上受到了广泛认可，但在实践中仍然面临着一系列挑战。

第一，当前对创意美术教育的研究和实践往往过于注重作品的呈现方式和材料的创新，而忽视了学生个性化引导和支持的重要性。事实上，学生在创意美术教育中的个性发展和创造能力的培养，需要教师的精心引导和支持。教师应该根据学生的不同特点和需求，灵活运用各种教学策略，调动学生的参与性和创造力，引导他们自主表达和创作。只有这样，学生才能真正释放自己的潜能，实现全面发展。

第二，教师支持策略的有效运用对创意美术教育的发展至关重要。教师支持策略不仅能够促进学生的学习效果，更重要的是能够对学生的探究能力、创造能力和想象能力的发展起到重要作用。目前，许多学校在开展创意美术教育研究时，往往忽视了教师支持策略的重要性，过于强调作品的呈现形式和技术细节。因此，有必要加强对教师支持策略的研究和探索，为创意美术教育的有效开展提供更加有力的支撑。

在未来的研究和实践中，我们需要从以下几个方面着手：首先，加强对创意美术教育理论的深入研究，探索创意美术教育的内涵和特点，为教学实践提供理论支持。其次，注重学生个性化引导和支持策略的研究，探索有效的教学方法和策略，促进学生创造能力和创造性思维的全面发展。最后，加强对教师支持策略的研究和实践，提高教师的专业水平和教学质量，推动创意美术教育的持续发展。通过这些努力，我们将能够更好地推动创意美术教育的发展，为培养具有创新精神和创造力的优秀人才做出贡献。

第二节　研究目的与意义

一、研究目的

（一）增进对创意美术教育的理解

深入了解创意美术教育，需要对其概念、内涵和理论基础进行系统研究。首先，需要对创意美术教育有明晰的概念。创意美术教育不仅是传统美术教育的延伸，更是一种注重激发学生创造力、培养学生审美能力和表现力的教育方式。其核心在于通过启发学生的想象力和创造力，引导他们进行自主的艺术表达和创意实践，从而培养其综合艺术素养和创新能力。其次，需要深入探讨创意美术教育的内涵。创意美术教育不仅包括对艺术技能和技巧的培养，更注重培养学生的创造性思维、想象力、艺术表现力以及审美能力。通过开展各种形式的创作活动，学生可以自由发挥想象力，表达内心感受，从而实现个性化的艺术表现。此外，创意美术教育还涉及对艺术史、文化背景、艺术理论等方面的学习，帮助学生建立对艺术的深刻理解和认识。最后，需要深入挖掘创意美术教育的理论基础。心理学、教育学、美学等相关领域的理论为创意美术教育提供了重要支撑。心理学理论揭示了创造力、想象力和审美情感的心理机制，为教育工作者设计创意美术教育活动提供了理论依据。教育学理论则关注教学方法、教学过程和学习环境等因素对学生创意发展的影响，指导教师开展有效的创意美术教育实践。美学理论则为学生提供了审美体验和艺术鉴赏的理论基础，培养学生对美的感知能力和理解能力。通过系统研究创意美术教育的概念、内涵和理论基础，可以更加深入地理解创意美术教育的本质和意义，为其在实践中的应用提供理论支持。

（二）探索提升创意美术教育质量的有效途径

探索提升创意美术教育质量的有效途径是一个复杂而又多层次的任务，需要从课程设计、教学方法与技巧以及评价与反馈等方面入手。首先，课程设计是创意美术教育的核心环节之一。设计合理的课程结构和内容，既要考虑学生的年龄特点和学习需求，又要充分融入创意元素和艺术实践，以激发学生的创造力和表现力。课程设计应该注重培养学生的多样化技能和综合能力，使其在美术创作中能够自由表达想法和情感。其次，教学方法与技巧在创意美术教育中具有重要作用。教师需要灵活运用各种教学方法，如启发式教学、项目式学习、合作学习等，激发学生的创造力和想象力。同时，教师还应该注重培养学生的艺术观察力和批判性思维，引导他们从不同的角度去审视艺术作品，提升其艺术素养和审美能力。最后，评价与反馈是创意美术教育中必不可少的环节。评价则应该注重对学生创意作品的整体品质和创意程度进行综合评价，而不仅是技术层面的评判。同时，教师还应该及时给予学生积极的反馈和指导，帮助他们发现不足之处并加以改进，从而持续提升其创意美术水平。通过综合研究课程设计、教学方法与技巧、评价与反馈等方面的内容，可以逐步发现创意美术教育的有效途径，并为提升其教育质量提供可行的方案和策略。

二、研究意义

研究的意义在于理论和实践两个方面。首先，从理论上看，本研究填补了"借形想象"作为一种绘画教学策略的研究空白。迄今为止，专门以"借形想象"作为绘画教学策略的研究并不多见。本研究在现有研究成果的基础上，深入探讨了"借形想象"绘画教学策略的基本内涵以及在创意美术教学中的应用流程。此外，本研究还试图探索"借形想象"绘画教学策略与创造性思维发展之间的关系，为"借形想象"绘画教学策略在促进学生创造性思维发展方面提供可能的理论支持。其次，从实践意义上看，本研究通过探究"借形想象"绘画教学策略的应用对学生创意美术表现的影响，为丰富创意美术教学的策略资源提供重要参考。教师可以借鉴本研究的结果，开展更加有效的创意美术教学实践。此外，本研究还为教师提供了可操作、有实效的"借形想象"绘画教学策略，使其在实际教学中能够更好地指导学生，促进学生的创意思维和创作能力的发展。通过这种方式，本研究有望提升创意美术教学的实际效果，为学生的美术创意活动提供可行、可用、可复制的思维策略支持。

总体来说，本研究不但在理论上填补了相关领域的研究空白，而且在实践上为学校创意美术教学提供了启示和支持。希望本研究通过理论和实践相结合的方式，可以推动创意美术教育的进一步发展，为学生综合素养的提升和创造性思维能力的培养做出积极贡献。

第三节　研究方法

一、文献综述法

采用文献综述法对国内外相关文献进行系统梳理和综合分析，有助于全面了解创意美术教育的理论基础和实践经验。在国内，许多学者对创意美术教育进行了深入的研究和探讨。他们从不同的角度出发，探讨了创意美术教育的概念内涵、理论基础、课程设计、教学方法、评价体系等方面的问题。例如，有学者对创意美术教育的概念进行了界定和阐释，认为创意美术教育是一种以学生为主体、以创造性思维和艺术表现力培养为目标的教育活动。同时，还有学者从心理学、教育学、美学等相关学科的理论出发，探讨了创意美术教育的理论基础和教育原理，为创意美术教育的实践提供了理论支持。此外，国内的一些教育机构和学校也积极探索创意美术教育的课程设计和教学方法，开展了一系列创意美术教育项目和实践活动，为学生的艺术素养和创造能力的提升做出了积极的探索和尝试。在国外，创意美术教育也受到了广泛关注和重视。美国、英国等国家在创意美术教育方面具有较为成熟的经验和模式，其教育体系和教学方法值得借鉴和学习。这些国家注重培养学生的创造力、想象力和创新能力，通过开展多样化的艺术活动和项目，激发学生的艺术潜能并提升其创意表达能力。同时，还有一些国际性的创意美术教育交流与合作项目，为不同国家和地区的教育者提供了交流和合作的平台，促进了创意美术教育的全球化发展。综合国内外的相关文献研究成果，可以全面深入地了解创意美术教育的理论基础和实践经验，为今后的研究和实践提供理论指导和经验。

二、案例分析法

采用案例分析法对不同地区、不同学校的创意美术教育课程进行深入剖析，有助于更全面地了解实际情况，分析课程设计在实施过程中存在的问题和取得的成效。在实地调研的过程中，可以选择有代表性的学校或教育机构，观察他们的创意美术教育课程设置、教学方法和教学资源等方面的情况。通过与教师、学生和家长等相关人员进行交流和访谈，可以了解他们对创意美术教育的认识、期望和反馈，进一步了解教师和学生在创意美术教育中的角色和作用。同时，还可以观察课堂教学的实际情况，了解教师如何引导学生运用创意思维和进行创造性表达，以及学生在课堂上的学习状态和表现。在案例分析的过程中，需要重点关注以下几个方面：首先，要分析创意美术教育课程的设计原则和方法，包括课程目标的确定、教学内容的选择和组织、教学方法的运用等；其次，要分析不同年龄段学生的创意美术课程设置，针对幼儿园、小学、中学和大学等不同年龄段学生的特点和需求，设计相应的课程内容和教学活动；最后，要结合实际案例分析创意美术教育课程的实施效果，评估课程的有效性和可持续性，提出改进建议并总结经验。通过案例分析，可以发现不同学校和地区在创意美术教育方面的优势和不足，为进一步改进和完善创意美术教育提供借鉴和参考。

三、调查问卷法

采用调查问卷法是一种有效的调查方式，可以广泛征求教育工作者、学生和家长对创意美术教育的意见和建议，从而获取实践参考和数据支持。设计问卷时，需要考虑问题的全面性，覆盖创意美术教育的各个方面，以及不同群体的需求和期望。问卷可以包括开放式问题和封闭式问题，开放式问题可以让受访者自由发表意见和建议，封闭式问题则可以用于收集具体的信息和数据。在设计问卷时，需要考虑以下几个方面：第一，要确定调查的目的和范围，明确需要了解的问题和信息。第二，要选择合适的受访对象，包括教师、学生和家长等不同群体，确保样本具有代表性。第三，要设计清晰、简洁的问题，避免使用复杂或含糊不清的表达，确保受访者能够准确理解并回答。同时，还要确保问题的隐私性和保密性，尊重受访者的隐私。第四，要预先对问卷进行小范围测试，确保问题的合理性，及时修改不合适的问题。通过分析问卷调查的结果，可以了解受访者对创意美术教育的认知和期望，发现问题和需求，为进一步研究和实践提供重要参考和支持。同时，还可以通过问卷调查来评估创意美术教育的实施效果和满意度，及时调整和改进工作方法，提高教育质量和水平。

第二章　创意美术教育的理论基础

第一节　创意美术教育的定义、核心价值与目标

一、定义

创意美术教育是一种通过美术教育的形式培养学生的创造力和艺术修养的教育方式。它注重激发学生的想象力和创造力，培养其审美情感和表现能力。

（一）创意美术教学

1. 创意的多重解读

从《现代汉语词典》和《辞海》的解释来看，对于"创意"一词的解读涵盖了多个方面，凸显了其丰富的内涵和多重含义。一种解释将"创意"理解为具有创造性的想法、构思和意境。这种解读强调了创意的独特性和新颖性，指向了人们能够独立思考、发散思维、产生原创性作品的能力。在美术教学中，这种解读意味着学生在教师的引导下，通过多元化的表现形式进行富有创造性的表达和创作，从而培养审美情感和表现能力。另一种解释将"创意"解读为创造新意。这种理解强调了创意的创新性和独特性，强调了对事物进行重新诠释并赋予新的意义和价值的能力。在创意美术教学中，这种解读意味着学生不仅要有创造性的想法和构思，还要能够将这些想法和构思转化为具体的艺术作品，并赋予其新的意义和价值。因此，创意美术教学既注重学生的原创性和独特性，又注重学生的创新性和思维开放性，旨在培

养学生的创造力、想象力和审美能力，引领他们走上艺术的创造之路。

2. 教学过程中的创意性

当前，我国教育界对于创意美术的概念有两种普遍认可的理解，这两种理解都突显了创意美术教学的独特之处以及其对学生的美术技能、个性化和创造力的促进作用。

一种理解将创意美术教学视为通过多元化的表现形式，引导学生进行富有创造性的表达和创作的美术活动。在这种教学模式下，教师扮演着引导者和激励者的角色，通过提供丰富多样的艺术材料和启发性的艺术活动设计，激发学生的艺术兴趣和创作激情。教师不仅鼓励学生展现个性和独特的创意，还注重培养他们的美术技能和审美能力。在自由、开放的教学氛围中，学生可以在表现形式上进行自由探索，充分展示自己的想象力和创造力，从而实现美术教学的个性化和差异化。

另一种理解更注重培养学生的创造性思维，通过美术活动激发学生产生具有创造性的想法和观点。在这种理解下，教师不仅是美术技能的传授者，更是创意思维的引领者。他们通过设计具有挑战性和启发性的艺术任务，促使学生思考、联想和创新，培养其独立思考和解决问题的能力。教师注重引导学生在美术创作中表达个人独特的见解和情感体验，鼓励他们在艺术作品中体现自己的价值观和思想意识。这种教学方式强调学生的主体地位，重视其思维活动和创造性表达，从而激发学生的创造力和想象力等潜能。

3. 教学方法的多样性

在创意美术教学中，教学方法的多样性是为了更好地激发学生的创造力和想象力。教师在教学中可以采用不同的方法和策略，以满足学生的个性需求，促进他们的艺术表现和创意思维的发展。启发式教学是一种常见的教学方法，它强调通过引导和启发学生主动思考和探索，激发其独立思考和创造性表达。在创意美术教学中，教师可以通过提出开放性问题、展示具有启发性的艺术作品或情境，引导学生进行深入思考并进行创作。这种方法能够激发学生的好奇心和探索欲望，培养其自主学习和解决问题的能力。另外，分析案例也是一种有效的教学方法，在创意美术教学中具有重要意义。通过分析真实的艺术案例或学生作品，教师可以帮助学生理解艺术创作的过程和技巧，激发他们对艺术表达的兴趣和热情。同时，学生也可以通过分析他人的作品，从中汲取灵感和经验，拓展自己的创意空间和表现方式。实践操作是创意美术教学中不可或缺的一环，它能够让学生将理论知识转化为实际操作，提升艺术技能和创作能力。通过实践操作，学生可以亲身体验艺术创作的乐趣和挑战，不断探索和发现自己的创意潜能。教师可以设计各种具有挑战性和趣味性的艺术任务，引导学生进行创意性的表达和实践，从而激发他们的艺术创造力和想象力。此外，创意美术教学还注重学生之间的互动和合作。教师可以组织学生参与集体讨论、团队合作等活动，促进他们彼此之间的思想碰撞和创意交流。通过分享和合作，学生可以相互启发，共同探索艺术创作的可能性，丰富自己的艺术体验和认知。

（二）创造性思维

1. 定义的多样性

就创造性思维的定义而言，目前存在多种不同的解释。这种多样性反映了学者们对于创造性思维的理解和认知上的差异，同时也丰富了我们对于这一概念的认识。首先，创造性思维可以被理解为一个过程。在这个角度下，创造性思维被视为一种心智活动，涉及大脑皮层区域不断恢复联系和形成联系的过程。这一过程以感知、记忆、思考、联想、理解等能力为基础，具有综合性、探索性和求新性的特点。在这种理解下，创造性思维被认为是一种持续的、动态的思维过程，能够在不同的认知情境下发挥作用。其次，创造性思维也可以被视作一种状态。在这个角度下，创造性思维指的是人在最佳的心理构成和心理合力作用下的思维状态。这种状态可能表现为直觉、灵感、创造想象等形式，能够使个体更加敏锐地捕捉信息和机会，并且能够更快速地产生新颖的想法和解决方案。再次，创造性思维还可以被理解为一种能力。在这个角度下，创造性思维被定义为产生新颖性且具有崭新内容结果的思维能力。这种能力不仅包括了对问题和挑战产生创新性解决方案的能力，还包括了对事物进行重新组合和重新解释，从而产生新的见解和认识的能力。

2. 创造性思维的培养

不论是从创意美术教育的角度，还是从创造性思维的角度来看，都需要通过相应的教学方式和方法来促进学生的创造性思维能力的培养。

创意美术教育提供了一个丰富多彩的学习环境，为学生展现了艺术的无限可能性。在这个过程中，教师的角色非常关键。教师应该通过精心设计的教学活动和启发式的教学方法，引导学生从不同的角度去思考问题，鼓励他们勇于尝试和创新。例如，教师可以提供多样化的艺术素材和工具，让学生自由发挥想象力进行创作，同时给予他们足够的自主空间和鼓励，让他们敢于冒险尝试新的艺术表达方式。

在创意美术教学中，教师应该注重培养学生的批判性思维和创造性思维。批判性思维能够帮助学生分析和评价不同的艺术作品，从中吸取经验和教训，进而提升自己的创作水平。而创造性思维则是激发学生产生新颖、独特的艺术想法和观点的关键。教师可以通过组织集体讨论、开展团队合作等活动，促进学生之间的思想碰撞和创意交流，从而培养他们的创造性思维能力。此外，创意美术教学还应该重视学生的实践操作和体验式学习。学生通过实际的艺术实践活动，可以更加深入地理解艺术创作的过程和技巧，培养自身的观察力、想象力和表现力。教师可以设计丰富多样的实践性任务和项目，让学生亲身体验艺术创作的乐趣和挑战，从而激发他们的创造性思维和创作激情。

二、核心价值与目标

（一）创意美术教育的核心价值

1. 培养学生的创造性思维和审美能力

创意美术教育的核心之一在于培养学生的创造性思维和审美能力。创造性思维是指学生在面对问题时能够提出新颖、独特的解决方案或观点的能力。创意美术教育使学生在美术创作和表现中得以锻炼和发展这种思维能力。教师可以通过激发学生的想象力，引导他们进行跨学科思考，以及提供多样化的艺术表现形式等方式，促进学生的创造性思维的培养。审美能力是指学生对美的感知、理解和评价能力。通过学习美术，学生能够接触到各种不同风格、不同流派的艺术作品，从而提升自己的审美水平。教师在教学中应该注重培养学生对美的敏感性，引导他们从艺术作品中发现美的价值，并能够用适当的语言表达出来。

2. 展现个性和才华

创意美术教育还致力于使学生能够在美术创作和表现中展现个性和才华。每个人都有自己独特的生活经历、情感体验和思维方式，而创意美术教育的任务之一就是帮助学生发现并表达自己的个性。通过自由的创作环境和开放的表现形式，学生可以在美术作品中展现出自己独特的风格和特点。教师应该尊重学生的个性差异，鼓励他们勇于表达自己的想法和情感，从而在艺术创作中展现出自己的才华。

（二）创意美术教育的目标

1. 培养学生的创意潜能

每个人都具有一定的创造性潜能，而创意美术教育的任务之一就是激发和发展这种潜能。通过参与丰富多彩的美术教育活动，如绘画、雕塑、摄影等，学生得以在实践中探索和发展自己的创意潜能。教师应该注重引导学生进行自主性的创作，鼓励他们尝试新的艺术表现方式，从而释放出他们的创造力。

2. 提升学生的审美素养和艺术表现能力

审美素养是指学生对美的感知和理解能力，而艺术表现能力则是指学生通过艺术作品表达自己想法和情感的能力。通过系统的美术教育，学生可以逐渐提升自己的审美素养，能够欣赏、理解和评价各种不同风格的艺术作品。同时，他们也能够通过艺术作品表达自己的情感和思想，展现出自己的艺术表现能力。

3. 促进综合发展和社会适应能力的提升

通过参与美术教育活动，学生不仅能够提升自己的艺术修养，还能培养自己的团队合作能力、沟通能力和创新能力，从而更好地适应未来社会的发展需求。同时，美术作品也是一种重要的社会交流方式，通过展示自己的作品，学生能够与他人进行交流和分享，拓展自己的人际关系网，提升自己的社会适应能力。

第二节　心理学、教育学、美学等相关理论对创意美术教育的启示与支撑

一、心理学理论

（一）心理发展理论

心理发展理论是对人类认知、情感和社会交往能力发展规律的系统性研究，其中包括许多重要的理论，如近代著名的儿童心理学之父——瑞士人让·皮亚杰的认知发展阶段理论和苏联建国时期心理学家维果茨基的社会文化理论。这些理论为我们理解学生在不同发展阶段的特点以及认知、情感和社会交往能力的发展提供了重要的理论依据。

让·皮亚杰的认知发展阶段理论是心理学领域中最经典的理论之一，他将儿童的认知发展阶段分为感知运动阶段、前运算阶段、具体运算阶段和形式运算阶段。在这个理论框架下，我们可以更好地理解学生在不同年龄段的认知水平和思维方式的变化。例如，在感知运动阶段，儿童主要通过感觉和运动来认识世界，因此在创意美术教育中，可以通过手工制作等活动，促进幼儿的感知和动手能力的发展；而在具体运算阶段和形式运算阶段，儿童逐渐具备了逻辑思维的能力，创意美术教育可以帮助他们更深入地探索艺术作品的意义和内涵，从而培养其审美能力和创造力。

维果茨基的社会文化理论则强调了社会环境对个体认知发展的重要影响。他认为，人类的认知活动是在社会文化的影响下发展的，社会文化环境为个体提供了认知工具和符号系统，通过社会互动和文化交往，个体才能够实现认知的发展。在创意美术教育中，教师可以通过创设丰富多彩的艺术环境和提出具有挑战性的艺术任务，激发学生的创造力和想象力。例如，通过团队合作的方式进行美术创作，不仅可以培养学生的合作意识和团队精神，还可以促进他们在交流合作中学习和借鉴他人的观点和想法，从而拓展自己的艺术思维和表现方式。

（二）认知心理学

广义的认知心理学指以人或动物的认知过程为研究对象，探索认知过程的内容及其研究方法的心理学学派和思潮，其理论为创意美术教育提供了重要的指导和支持。认知心理学认为，通过了解学生的学习方式和思维过程，教师可以更好地设计教学活动，增强学生的学习效果，促进创造力的发挥。

认知心理学的研究范畴涵盖了感知、记忆、注意、思维、语言等多个层面。这些研究层面为教师开展创意美术教育提供了丰富的启示。例如，在美术教学中，了解学生的感知特点可以帮助教师设计富有创意的感官体验活动，让学生通过触摸、视觉等感官渠道来感受艺术作品，从而深入理解艺术的内涵和表现形式。此外，认知心理学的记忆研究可以帮助教师设计有效的记忆技巧和学习方法，从而提高学生对艺术知识和技能的掌握和应用能力。

认知心理学关于学习方式的研究也很重要。认知心理学理论认为，不同的学生具有不同的学习风格和信息加工方式。有些学生更倾向于通过视觉学习，而有些学生则更喜欢通过听觉或动手实践学习。因此，在创意美术教育中，教师可以根据学生的个性化学习需求，采用多样化的教学方法，如视听结合、实践操作等，以激发学生的学习兴趣和创造力。

此外，认知心理学的思维研究也为创意美术教育提供了重要的启示。了解学生的思维方式和问题解决能力，可以帮助教师设计具有挑战性和启发性的学习任务，引导学生主动思考和探索，从而培养其批判性思维和创造性思维能力。例如，通过提出开放性的问题引导学生进行自由探索，可以激发学生的想象力和创造力，促进其艺术创作能力的发展。

二、教育学理论

（一）建构主义教学理论

在创意美术教育中，建构主义教学理论的应用尤为重要，因为艺术创作本身就是一个主体性强、探索性广泛的过程。

第一，建构主义教学理论注重学生的自主学习和实践探究。在创意美术教学中，教师可以提供开放式的创作任务和项目，让学生自由发挥想象力和创造力，通过实践探索艺术的各种可能性。例如，教师可以引导学生进行自由绘画或雕塑创作，让他们根据自己的兴趣和体验来表达内心的想法和情感，从而培养其独立思考和创意表达能力。

第二，建构主义教学理论倡导学生通过与他人的合作和交流来共同构建知识。在创意美术教学中，教师可以组织学生进行团队合作或小组讨论，让他们分享彼此的创意和想法，相互启发和借鉴，共同探索艺术创作的可能性。通过与同学的交流和合作，学生不仅可以拓宽自己的视野，还可以学习他人的创作技巧和经验，从而提升自己的艺术修养和表现能力。

第三，建构主义教学理论还强调学习环境的重要性。在创意美术教学中，教师应该营造积极的学习氛围，为学生提供丰富多样的学习资源和艺术材料，激发他们的学习兴趣和创作激情。例如，教师可以组织学生参观美术馆或艺术展览，让他们接触到不同风格和流派的艺术作品，启发他们对艺术的理解和欣赏。

（二）教学策略和评价体系

在教学策略方面，教师可以根据学生的发展水平和学科特点，灵活运用各种教学方法，促进学生的学习和发展。例如，项目制学习是一种基于学生兴趣和需求，以项目为单位进行学习和实践的教学方法，适合创意美术教育的实施。通过项目制学习，学生可以在实际的艺术创作过程中探索和实践，培养其创造力和解决问题的能力。此外，合作学习也是一种重要的教学策略，可以促进学生之间的交流和合作，拓宽他们的视野，从而提升其艺术表现能力和团队合作精神。

在评价体系方面，教育学理论倡导综合评价，以多种形式和多个维度评价学生的学习和表现。对于创意美术教育而言，传统的笔试和口试评价方式往往无法全面反映学生的艺术修养和创作能力。因此，教师可以结合学生的艺术作品、实践活动和个人表现，采用综合评价的方式来评价学生的学习成果。例如，可以通过学生的作品展示、口头表达和书面反思等，全面了解学生的创意表现和艺术发展情况，为他们提供个性化的学习指导。

此外，教育学理论还强调教师的角色转变。在创意美术教育中，教师不再是传统意义上的知识传授者，而是学生学习和发展的引导者和促进者。因此，教师应该注重与学生的互动和沟通，关注他们的学习需求和兴趣，为其提供个性化的学习支持和指导。

三、美学理论

（一）艺术表现力的培养和提升

在创意美术教育中，学生通过对美学理论的学习和理解，能够逐步培养和提升艺术表现力，更加自如地表达情感和思想，展现个性和才华。

第一，美学理论帮助学生深入理解艺术的本质和规律。通过学习美学理论，学生可以了解艺术作品的内涵和外延，把握艺术表现的基本要素和技巧。例如，学生可以通过学习色彩、形态、结构、节奏等美学概念，掌握艺术表现的基本语言和表现手段。这种理论基础的建立有助于学生更加深入地理解艺术作品，提升其对艺术的感知和理解能力。

第二，美学理论可以帮助学生提升艺术鉴赏能力。通过对美学理论的经典作品和观点的学习，学生可以培养自己的审美情感和鉴赏能力。他们可以学会分析和评价艺术作品，理解其中所蕴含的意义和情感，从而更加全面地认识和理解艺术的世界。

第三，美学理论还可以帮助学生提升艺术创作水平。通过对美学理论中的创作原理和方法的学习，学生可以更好地把握艺术创作的技巧和规律。他们可以学会运用各种艺术语言和表现手段，创造出具有个性和独特性的艺术作品。例如，学生可以通过学习美学理论中的创作理论和技巧，提升自己的构思能力、想象力和表现力，从而更加自如地进行艺术创作。

（二）艺术教育与社会发展

美学理论为我们揭示了艺术教育在社会发展中的重要作用，其对个体和社会的双重影响，对于我们深入理解艺术教育的价值和意义具有重要的启示。

第一，艺术教育对于个体的培养至关重要。通过创意美术教育，学生可以接触和理解不同形式的艺术作品，提升自己的审美能力和创造力。这种培养不仅是对个体美感和表现能力的提升，更重要的是对其整体素养的提高。艺术教育培养了学生的感知力、想象力和创造力，使他们具备了更广阔的视野和更丰富的内在世界，从而更好地适应社会的发展和变革。

第二，艺术教育对于社会文化的传承和创新至关重要。艺术作品是文化的一种重要传承方式，承载着丰富的历史文化内涵和社会情感。通过艺术教育，学生能够了解和理解文化传统，并通过自己的创作活动延续和发扬这种传统。同时，艺术教育也是社会创新的重要推动力量。创意美术教育培养了学生的创新思维和创造能力，激发了他们解决问题的能力和勇气，从而推动了社会的创新和进步。

第三节　国内创意美术教育理论研究的发展概况

一、关于创意美术教学

（一）对创意美术教学的认识

我国关于创意美术教学的起步虽晚，但近年来随着创造性美术教育思潮的兴起以及教育部《幼儿园教育指导纲要（试行）》《3—6岁儿童学习与发展指南》的接连颁布，越来越多的专家和学者投身于创意美术教学领域的研究。综合已有的相关研究，我国最早提出"儿童美术有助于幼儿创造力的培养，促使幼儿知情意行达成统一"这一理念的是20世纪初著名儿童教育家陈鹤琴先生。陈鹤琴先生的创意美术教育主张是要启发儿童艺术表现的兴趣与动机，鼓励儿童的自由创作，从而激发儿童的创造力。此后，淮阴师范学院顾书明教授在《课程设计与评价》一书中，阐述了他对创意美术教学的看法，他认为：幼儿创意美术教学是一种以幼儿为主体、以培养幼儿创造性思维为主的活动，其核心要义在于通过多元化的教学形式促使幼儿产生创新思维、激发创造潜能。山东师范大学教授贺领会认为：创意美术教学应当以幼儿为中心，发散幼儿的思维，保护幼儿个性化的表现，主张以创造代替临摹，重视幼儿的内心想法，通过教师的引导，将幼儿对美术的天性与兴趣自主转化为创造思维和创意行为。

学者们从不同的角度阐述了他们对创意美术教学的认识，归纳总结后可以发现，国内外关于创意美术教学的认识不谋而合。具体表现如下：

1. 以幼儿为中心

创意美术教学强调以幼儿为中心，将他们的需求和兴趣置于教学的核心位置。教师应该了解每个学生的个性特点和发展水平，根据学生的实际情况进行个性化的教学设计和指导。

2. 鼓励幼儿自由创作

创意美术教学倡导鼓励幼儿进行自由创作，提倡开放式的教学环境，给予学生充分地表达自己想法和感受的空间，让他们通过绘画、雕塑等艺术形式表达自己的内心世界和情感体验。

3. 以发展幼儿的创造力为核心

创意美术教学的核心目标是发展幼儿的创造力，教师应当通过创作活动培养学生的想象力、创造力和创新能力，鼓励他们勇于尝试和探索，培养他们对艺术的独特理解和表现方式。

4. 以游戏和启发式教学为主要手段

创意美术教学注重通过游戏和启发式教学的方式激发学生的学习兴趣和创造潜力。教师要创设具有挑战性和趣味性的学习环境，引导学生通过自主探索和合作互动来获得知识和经验。

（二）创意美术教学的意义和价值

我国心理咨询专家杜玫教授在《幼儿美术与创造性思维发展》一书中分析总结得到结论：创意美术学习能够促进幼儿创造性思维和创造能力的发展，同时，对幼儿的兴趣、情感、语言、智力的发展也具有重要的促进作用。中国少儿造型艺术学会副会长杨景芝教授在《谈儿童美术教育》一文中则认为，创意美术教学发展的最终目的是让幼儿的身心得到和谐发展。创意美术教学是幼儿发展中不可或缺的活动，如果能对幼儿与生俱来的创造力加以引导、给予表现的机会，将对幼儿养成独立人格具有非凡的意义和作用。阜新高等专科学校教师王春哲在《幼儿创意美术教育的研究与思考》一文中指出：创意美术教学对培养幼儿的想象力，提高幼儿的动手能力，提升幼儿的表达能力，具有重要的价值。这些观点凸显了在学龄前阶段对幼儿进行创意美术教学活动，对幼儿的创造力、想象力、审美能力、语言能力等多元智能的发展具有重要作用。幼儿时期是孩子认知和情感发展的关键时期，创意美术教学能够通过激发幼儿的创造力和想象力，引导他们积极参与艺术活动，培养他们的审美情趣和审美能力。此外，创意美术教学还可以促进幼儿的语言表达能力，通过绘画、雕塑等艺术形式，帮助幼儿表达自己的情感和想法，丰富他们的语言世界。同时，创意美术教学也有助于培养幼儿的观察、思维和动手能力，通过实践性的艺术活动，激发幼儿的学习兴趣和探究欲望，促进其全面发展。因此，开展创意美术教学活动对幼儿的综合能力发展具有重要意义，同时也为相关研究提供了有力的实践支撑。

（三）创意美术教学组织与实施的研究

创意美术教学组织与实施的研究涉及多个方面，主要集中在创意美术教学现状和创意美术课程实施两个方面。

一方面，专家们对创意美术教学现状进行了深入研究。内蒙古师范大学的教育硕士赵伟娜和河北师范大学的张宇洁等人，利用行动研究等方法，探索了创意美术教学活动的实施现状。他们分析了影响创意美术教学开展的各种因素，并尝试提出相应的对策。这些研究为创意美术教育的发展提供了宝贵的见解和建议。他们关注教学实践中的具体问题，如教师角色定位、课程设计与实施、教学资源配置等，为解决实际教学中遇到的困难和挑战提供了重要的参考依据。

另一方面，专家们对创意美术课程的实施进行了相关研究。浙江宁波幼教一级教师龚虹晔和江苏省昆山市实验幼儿园的成蕾老师等在创意美术教育方面的努力，展现了幼儿教育中的创新思维与实践探索。他们关注课程的内容设置、教学方法与策略、评价体系建立等方面，探索了创意美术与园本课程、五大领域课程的融合，丰富了幼儿园创意美术课程的相关体系研究，为创意美术教学的实施提供了宝贵的经验和启示。同时，他们还研究了创意美术教学活动对幼儿想象力、创造力等核心素养培养的有效措施，为提升创意美术教学的实效性提供了理论支持和实践指导。

二、关于创意美术教学中教师支持策略

教师在创意美术教学中的角色至关重要，但目前对于教师在创意美术教学中的具体支持策略的研究尚显不足。因此，未来的研究可以更加深入地探

讨教师在创意美术教学中的角色定位、教学策略和支持措施，以及如何有效地激发学生的创造力和想象力，从而推动创意美术教学的进一步发展和创新。

（一）对创意美术教学中教师支持策略的认识

由于创意美术教学中教师支持策略的相关研究文献较少，为了尽可能多地收集有效信息，研究者将搜索的关键词拓宽到"教师支持策略"，搜索到以下研究成果。这些成果一部分来源于创意美术教学领域，一部分来源于美术教学领域，还有的则是来自教学与游戏活动。经过梳理、分析，再结合研究者的实践观察与总结后发现，这些成果依然具有很高的参考价值和借鉴意义。河北省邢台市逸夫小学教师程清清在《教师支持行为对幼儿学习品质影响的实验研究》一文中表示：教师的支持与幼儿的学习动机成正相关，幼儿感受到的教师支持越多，其学习动机越强，在完成任务时则更有自主性，获得的自信心也越多，对该学习活动就会表现出更高的热情和积极性。同时，教师的支持对幼儿的认知能力、行为动向、表现力以及竞争力的发展也有着极大的影响。由此可见，教师有效的支持能进一步发挥幼儿的自主性，从而促进其多元发展。辽宁高等院校教学科研人员于妍妍在《中师学前教育专业"创意美术"活动研究》一文中表示：学龄前阶段是培养美术兴趣爱好的最好时期，因此教师的支持与引导就显得尤为重要。教师如能采用灵活、适宜的支持策略对幼儿的创造潜能和创意思维进行启发、引导，就能大大提高幼儿参与创意美术教学活动的积极性，有效推动幼儿的创意发展。

综上所述，教师的支持程度是影响幼儿创意行为和创作表现的重要因素，在创意美术教学中教师应当灵活运用多样化的支持策略，在充分观察幼儿创意行为、了解其创意意图的基础上，选择恰当时机以支持者、合作者的角色，对幼儿进行启发、引导，推动其进一步的创意表现。

（二）创意美术教学中教师支持策略运用方式的研究

在创意美术教学中，教师支持策略的运用方式是影响教学效果和学生发展的关键因素之一。针对这一问题，河南信阳师范学院的欧阳慧霖在《创意美术活动在幼儿园的主题教学研究》一文中进行了实践研究，重点关注了河南省信阳市某幼儿园美术教师支持策略的实际运用情况，并从计划活动内容、准备活动材料以及教师在幼儿创意美术活动过程中的支持三个维度进行了分析与讨论。她发现，教师在创意美术教学中的支持策略存在一定的不足，主要原因包括教师对创意美术教学理念和方法的认识不足、教师个人能力和经验的限制，以及教师在实际操作中面临的时间和资源限制等。针对这些问题，她在论文中提出了相应的建议，包括加强教师的专业培训和能力提升，提供更多的教学支持资源、优化教学组织和管理机制等，以提升教师支持策略的有效性和实效性。

武汉理工大学教授金凡在《幼儿园创意美术活动的组织与实施》一文中提出了在创意美术活动中加强家长参与的教学模式，以促进幼儿的创意发展。他认为，通过增加亲子互动环节，可以形成教师、家长、幼儿共同参与的创意美术教学模式，进而激发幼儿的学习动机和兴趣。在活动过程中，教师应当对幼儿的创意表现进行仔细深入地观察和分析，及时对幼儿的创意亮点进行肯定和鼓励，以增强幼儿的创意自信心。这种教学模式有助于激发幼儿的创造力和想象力，促进其综合智能的发展。

综上所述，教师在创意美术教学中的支持策略应当注重多方面的因素，包括教师个人素养和专业能力的提升、家长参与的积极引导，以及教学组织和管理机制的优化等。通过综合运用这些支持策略，可以更好地激发学生的创意潜能，促进其全面发展。

（三）创意美术教学中教师支持策略运用时机的研究

在创意美术教学中，教师支持策略的运用时机是影响教学效果和学生学习成效的重要因素之一。哈尔滨师范大学的硕士研究生白雪与河南信阳师范学院的欧阳慧霖在研究中均对教师支持策略的时机进行了深入探讨，并提出了各自的观点。

首先，白雪认为：在幼儿参与创意美术活动时，当幼儿出现失误或者停滞不前的情况时，教师若过早地进行干预和指导，可能会影响幼儿的学习效果。她在《建构区中教师对幼儿的支持性策略研究》一文中指出：如果教师没有给予幼儿足够的时间去思考和解决问题，过早地进行干预会剥夺幼儿自主学习的机会，从而影响幼儿的学习动机和学习成效。因此，白雪主张教师在幼儿出现问题时应该给予充分的时间和空间，鼓励幼儿自主思考和解决问题，只有在必要时才进行适度的支持和指导。

相比之下，欧阳慧霖的观点则侧重于对幼儿创意行为的充分观察和及时支持。她认为，教师在创意美术教学中应该密切观察幼儿的行为和表现，追随幼儿的创造兴趣，并在恰当的时机给予支持。这种支持策略的运用需要教师具备敏锐的观察力和判断力，能够准确地把握幼儿的学习状态和需求，及时给予针对性的支持和指导，以促进幼儿的学习进程和成长发展。

综合来看，教师支持策略的运用时机需要根据具体情况进行灵活把握。在学生参与创意美术活动时，教师应该根据学生的表现和需求，权衡是否需要给予支持和指导，避免过早地干预学生的学习过程，同时也要确保在必要时能够及时给予支持和指导，帮助学生克服困难，促进其学习和发展。

第三章　创意美术教育的课程设计与开发

第一节　创意美术教育课程的设计原则与方法

一、设计原则的提出与解析

（一）适应性

适应性是创意美术教育课程设计的重要原则之一，其核心在于确保课程内容和教学方法能够满足不同学生的学习需求和能力水平。在教育领域，学生的个体差异是不可避免的，而创意美术教育尤其需要考虑到这些差异，因为艺术的学习与表现更加依赖个人的情感、想象力和审美观。适应性的课程设计可以为每个学生提供个性化的学习体验，让他们在学习过程中感到被理解和被尊重。

为了实现适应性的课程设计，教师可以通过多种方式来考虑和应对学生的差异。首先，可以采用不同的教学策略和方法，以满足不同学生的学习偏好和学习风格。例如，对于喜欢自主探索的学生，可以提供更多的自主学习机会和探究性任务；对于喜欢合作学习的学生，可以设计团队项目或合作活动。其次，可以根据学生的学习水平和兴趣爱好，调整课程内容和难度，确保每个学生都能够找到适合自己的学习路径和挑战。最后，可以通过个性化的指导，帮助学生克服学习困难，发挥自己的潜力。

总之，适应性的课程设计不仅可以提高学生的学习动机和学习效果，还可以促进他们的全面发展和自我实现。因此，在创意美术教育中，教师应该充分重视适应性原则，并不断优化课程设计，以便更好地满足学生的学习需求和成长需求。

（二）针对性

针对性是指课程设计要根据特定的学习目标和教学内容，设计相应的教学活动和评价方式，以确保学生能够达到预期的学习效果。在创意美术教育中，教师应该明确课程的教学目标和学习重点，然后针对这些目标和重点设计相应的教学活动，从而有效地引导学生的学习和发展。

针对性的课程设计需要从多个方面进行考虑。教师首先需要明确课程的核心目标和学习内容，确定学生应该掌握的知识、技能和情感态度，然后根据这些目标和内容，设计具体的教学活动，包括课堂讲授、实践操作、艺术创作等，帮助学生实现目标。同时，还需要设计相应的评价方式，对学生的学习成果进行评估和反馈，促进他们的持续学习和进步。

针对性的课程设计可以有效地提高学生的学习效果和学习满意度，因为它能够确保教学活动与学习目标紧密结合，避免了教学内容的随意性。因此，在创意美术教育中，教师应该注重针对性原则的运用，精心设计课程，以实现学生的全面发展和个性化成长。

（三）启发性

启发性是创意美术教育课程设计的重要原则之一，它强调激发学生的学习兴趣和创造性思维。在创意美术教育中，教师应该设计具有启发性的教学活动，通过引发学生的好奇心和想象力，激发他们对艺术的热爱和探索欲望。启发性的课程设计可以使学生在积极、愉悦的学习氛围中获得更丰富的学习成果，从而提高他们的学习动机和学习效果。

为了实现启发性的课程设计，教师可以采用多种方法和技巧。首先，可以通过设计具有挑战性和趣味性的教学任务，激发学生的求知欲和探索欲。例如，可以提出开放性的问题或挑战性的项目，让学生自主思考和解决问题，从而培养其创造性思维和解决问题的能力。其次，可以通过引入真实的案例和故事，激发学生的情感共鸣和情感投入。例如，可以介绍一些艺术家的生平故事或作品背后的故事，让学生了解艺术与生活的联系，激发其对艺术的兴趣和热爱。最后，可以通过提供丰富多样的学习资源和材料，激发学生的创造力和想象力。例如，可以提供艺术作品、影像资料、实物模型等，让学生在观察和体验中获得启发，从而产生新的创意和想法。

总之，启发性的课程设计不仅可以提高学生的学习积极性和创造性思维，还可以促进其全面发展和个性成长。因此，在创意美术教育中，教师应该注重启发性原则的运用，不断创新教学方法，为学生提供丰富多彩的学习体验和广阔的成长空间。

（四）循序渐进

循序渐进是创意美术教育课程设计的重要原则之一，它强调根据学生的学习特点和发展规律，循序渐进地安排教学内容和活动，确保学生能够逐步掌握和提高相关的艺术技能和表现能力。在创意美术教育中，学生通常具有不同的学习背景和艺术水平，因此，教师需要根据这些差异合理安排课程，确保每个学生都能够在适宜的学习环境中稳步前进。

循序渐进的课程设计需要从多个方面进行考虑。首先，教师应该根据学生的学习水平和兴趣爱好，合理安排课程内容和教学步骤。例如，对于初学者，可以从基础的素描和色彩理论开始，逐步引导他们掌握绘画的基本技巧和表现方法；对于进阶学生，可以设计更加复杂的艺术项目和实践活动，挑战他们的创造力和想象力。其次，教师应该根据学生的学习进展和反馈情况，及时调整课程内容和教学方法，确保学生能够在适宜的学习节奏下持续进步。最后，教师还可以通过分阶段的评价和反馈，帮助学生全面了解自己的学习情况和成长进程，激发他们的学习动力和自信心。

总之，循序渐进的课程设计有助于培养学生的自主学习能力和艺术表现能力，提高其学习的效率和质量。因此，在创意美术教育中，教师应该注重循序渐进原则的运用，精心设计课程，为学生提供良好的学习环境和成长空间。

二、创意美术教育课程设计的具体方法与技巧

（一）任务型教学法

任务型教学法是创意美术教育中常用的一种教学方法，其核心思想是通过设计各种任务，让学生在实践中探索和体验艺术的魅力，从而提高他们的

艺术表现能力和创造性思维能力。这种方法突破了传统的教学模式，注重学生的主动参与和实践操作，能够激发学生的学习兴趣和创造力。任务型教学法的具体方法和技巧包括：

1. 设计多样化的任务

任务型教学法的核心在于任务的设计。教师可以结合课程内容和学生的兴趣特点，设计各种类型的任务，如绘画作品创作、手工制作、美术展览等。这些任务可以根据学生的不同需求和能力水平进行调整和设计，既满足了学生的学习需求，又激发了他们的学习兴趣。例如，针对具有一定艺术基础的学生，可以设计更具挑战性的艺术创作任务，如素描写生、水彩涂鸦等；而对于初学者，则可以设计更简单的手工制作任务，如折纸、剪纸等，以培养其艺术兴趣和创造性思维。

2. 引导问题意识

任务型教学法强调学生的主动参与和自主学习，教师可以通过引导问题意识的方式，激发学生的创造力。教师可以提出具体的问题或挑战，让学生自主思考和探索解决问题的方法。例如，教师可以提出关于色彩运用、构图结构等方面的问题，引导学生分析和解决，从而培养其批判性思维和创造性思维。通过解决问题的过程，学生不仅能够掌握相关的艺术知识和技能，还能够培养解决问题的能力和创新意识。

3. 组织合作学习

任务型教学法注重学生之间的合作与交流，教师可以组织学生进行小组合作或团队合作，共同完成艺术任务。通过合作学习，学生可以相互借鉴、交流意见，拓宽自己的艺术视野，提高团队合作能力和创新能力。此外，合作学习还能够培养学生的沟通能力和合作精神，增强其集体荣誉感和责任感，有助于形成良好的学习氛围和团队氛围。

（二）项目制学习法

项目制学习法是一种以项目为单位进行教学和学习的方法，在创意美术教育中被广泛采用。该方法注重学生的实践操作和自主探究，通过完成一系列的项目来提升学生的艺术表现能力和创造性思维。项目制学习法的具体方法和技巧包括：

1. 设计具体的项目

项目制学习法的核心在于项目的设计。教师可以根据课程内容和学生的学习需求，设计各种类型的艺术项目，如绘画系列作品、立体构建项目等。每个项目都应该具有明确的学习目标和任务要求，能够激发学生的学习兴趣和创造力。例如，可以设计一个关于自然风景绘画的项目，要求学生通过观察自然景色，完成一幅具有个性和创意的绘画作品。

2. 提供资源支持

教师在实施项目制学习法时，应该为学生提供必要的资源支持，包括艺术材料、参考资料等，帮助他们顺利完成项目。教师还可以引导学生利用查找网络资源和实地考察等方式，拓展项目的内容，提高项目的质量。例如，可以提供一些关于自然风景绘画技巧和风景图片的参考资料，让学生在创作过程中产生更多的灵感和想象空间。

3. 指导和辅导学生

在项目进行过程中，教师应该及时指导和辅导学生，解决他们在艺术创作过程中遇到的问题和困难。教师可以通过一对一辅导、小组讨论等方式，引导学生思考和解决艺术创作中的技术和审美问题，提高他们的艺术表现能力。例如，可以针对学生的绘画技巧和色彩搭配等方面进行一对一指导，帮助他们提升作品的艺术水平和表现力。

（三）问题解决法

问题解决法是创意美术教育中常用的教学方法之一，旨在通过向学生提出艺术问题，引导他们思考和解决问题，从而提升其艺术表现能力和创造性思维。该方法注重培养学生的批判性思维和创新能力，具体方法和技巧包括：

1. 提出具体的艺术问题

在创意美术教育中，教师可以通过提出具体的艺术问题来引导学生思考和探索，从而培养其艺术表现能力和创造性思维。这些问题应该具有一定的挑战性，又有启发性，能够激发学生的思维和创意，促使他们在艺术创作中不断探索和突破。其中，两个典型的艺术问题是关于色彩搭配和构图的。

其一是关于色彩搭配的问题，教师可以引导学生思考如何运用对比色彩来增强画面效果。这个问题涉及色彩理论和色彩心理学等方面的知识，可以激发学生对色彩运用的兴趣和热情。例如，教师可以要求学生设计一幅画，通过对比色彩的运用来突出画面中的主题或情感，如通过冷暖色调的对比来表现孤独与温暖的主题，或者通过互补色的搭配来增强画面的视觉冲击力。这样的问题不仅能够引导学生深入思考色彩在艺术表现中的作用，还能够锻炼他们的观察力和表现力。

其二，关于构图的问题也是创意美术教育中常见的挑战性问题之一。教师可以要求学生思考如何利用不同的构图方式来表达特定的主题或情感。构图是画面组织的重要手段，能够影响观者对作品的理解和感受。例如，教师可以要求学生设计一幅画，通过不同的构图方式来表现对称与不对称、平衡与失衡等艺术元素的关系，探索如何通过构图来引导观者的视线和情感。这样的问题能够帮助学生深入理解构图原理和技巧，提高他们的艺术表现能力，激发创造性思维。

总之，通过提出具体的艺术问题，教师可以引导学生积极思考和探索，激发其艺术创作的潜能，从而提升艺术表现能力和创造性思维。这种问题导向的教学方法不仅有助于学生在艺术创作中不断进步，还能够培养其解决问题的能力和创新意识，为其未来的学习打下坚实的基础。

2. 引导学生思考和探索

引导学生思考和探索艺术问题的本质是教师在课堂中的重要任务之一。通过讨论和思考，激发学生的创造性思维，促使他们深入理解艺术问题，并寻找解决问题的方法和途径。

一种有效的方法是通过展示相关的艺术作品和案例来引导学生思考。教师可以选择一些具有代表性的艺术作品，如著名画家的作品，通过展示这些作品，让学生感受艺术的魅力和表现力。在观赏作品的过程中，教师可以引导学生分析作品的色彩运用、构图方式、线条组织等艺术要素，帮助他们理解艺术作品背后的意义和表现技巧。通过与学生的互动讨论，教师可以引导他们思考作品所表达的主题或情感，从而激发他们对艺术问题的思考和探索。

另外，教师还可以通过提出问题和情境来引导学生思考和探索。例如，教师可以设计一些情境化的问题，让学生在具体的情境中思考和解决问题，从而培养他们的批判性思维和创新能力。这些问题可以涉及艺术作品的创作过程、表现手法、审美价值等方面，让学生在思考和探索中逐步提高对艺术问题的理解能力。

3. 提供技术支持和指导

当学生在艺术创作的过程中遇到问题或困难时，教师及时提供必要的技术支持和指导，有助于他们克服困难，提高作品的质量和表现力。为了有效地提供技术支持和指导，教师可以采用多种方式，如示范、演示等，以帮助学生理解艺术创作的技巧和方法，并将其运用到实践中。

一种常用的方法是通过示范来向学生展示艺术创作的技巧和方法。教师可以选择具有代表性的艺术创作技巧，如色彩运用、线条表现、材料搭配等，通过实际操作向学生展示如何运用这些技巧进行艺术创作。例如，在解决学生在色彩搭配上的困难时，教师可以进行实地示范，演示如何根据色彩理论和技巧进行有效的配色。通过教师实际操作的示范，学生可以直观地感受到艺术技巧的运用方式和效果，从而更好地理解和掌握相关的艺术创作技巧。

除了示范之外，教师还可以通过演示的方式向学生展示艺术创作的过程和方法。演示可以是在课堂上进行的实时演示，也可以通过提前录制好的视频演示。通过演示，教师可以详细地介绍艺术创作的步骤和技巧，让学生了解艺术创作的整体流程和操作方法。学生可以通过观看视频演示，了解艺术创作的具体细节，从而更好地运用到自己的创作实践中，并提高作品的质量和表现力。

第二节　不同年龄段学生的创意美术课程设置

一、幼儿阶段（3—6岁）

（一）创造性美术教育课程的基本价值

1. 培养幼儿创造力品质

幼儿创造思维的培育和创造素质的开发，是幼儿早期教育的一个重要目标。创造性美术教育是一种以创意美术教育活动为载体，以实现培养幼儿创造力素养发展为主旨的育人理念，它为实现培养幼儿创造性思维及其素质的目标提供了一条途径。本部分将美术活动中的幼儿创造性发展从单一的审美范围扩展到个人发展的普遍范围，并包含了个人发展在感性和理性两方面的需求。毫无疑问，这大大地充实和发展了以幼儿创造力为中心的艺术创作教育的深层内涵。首先，艺术创作的重点在于发展幼儿的想象力与创造力。想象力和好奇心是幼儿进行新尝试的内部动机，创造力美术教育应当用新的视觉形象来持续地刺激幼儿对新事物的想象，引导他们从不同的角度来观察这个世界的多样态表征。其次，艺术创作教学注重对幼儿的创造思考能力的发展。创意美术教育可以丰富幼儿的体验、感知和对事物本质的认知，促进幼儿从多个视角来思考问题，从而达到对知识对象的深入掌握。第三，艺术创意教学注重培养幼儿的分析与批判的技能。创意美术教育一定要建立在感性的基础之上，对幼儿的理性进行培养，使幼儿可以将自己意识中所捕获到的各种富有创造力的观点或想法，经过严谨的分析，最终转变成具体的创意行为。创意艺术教学注重培养幼儿的自主性和创造力。创意美术教育应培养幼儿内心的创意品格，始终确立创造的观念和信仰，并培养幼儿具有将创意意识付诸行动的能力和意志。

2. 提高幼儿教师的整体素质

创造性艺术教学需要教师具有较高的职业素质，甚至更高的整体素质。创造性艺术活动，不但要关注怎样让孩子感受美、欣赏美、表达美、创造美，而且要最大限度地提高孩子的思维活跃度和艺术体验层次，从而使孩子的认知发生变化。幼儿教师应具备艺术创作的基本知识和能力，以及艺术创作的情感与价值观念。首先，幼儿教师要具有美术教育的创造性，并具备大量的实践经验。其次，幼儿教师应具备进行艺术教育活动所需要的技术，如具有较强的绘画能力、手工工艺造型能力、艺术创作的实践能力等。第三，幼儿教师要有对幼儿艺术的较好理解，有良好的审美观和在艺术创作中表现感情的技能。总之，具有创意的幼儿园艺术教学，既要展示教师的基础素质，又要教会孩子们如何学习美、感受美。这种新的需求驱使着幼儿教师在艺术教学过程中必须重视自身的美学素养，从而不断提高其整体素质。

（二）艺术创作教学过程的建构

1. 确定教学内容的目的

（1）确定教学内容的目的分析

在设计幼儿园创意艺术教育课程的目的时，需要以幼儿的创意和想象为主导，将美学素质置于首要位置，并注重对幼儿整体体验的整合。主要内容包括：

①激发幼儿的兴趣、想象力和创造力

幼儿期是孩子兴趣、想象力和创造力发展的关键时期。在创意艺术教育中，教师应该鼓励幼儿表达自己的想法和感受，引导他们通过绘画、手工制作等方式，展现自己独特的创造力。通过提供丰富多彩的艺术活动和材料，激发幼儿对艺术的兴趣，培养他们的审美情趣。

②发展幼儿的情商和自然人格

创意艺术教育不仅培养幼儿的艺术技能，更要关注他们的情商和自然人格的发展。通过艺术活动，幼儿可以表达自己的情感和情绪，培养情商。同时，艺术创作也是一种自我表达的方式，可以帮助幼儿建立自信，塑造积极向上的人格。

③指导幼儿学习欣赏、创造和评估

创意艺术教育应该引导幼儿学会欣赏艺术作品，从中获取美的感受和启示。同时，教师也要培养幼儿的创造力，鼓励他们勇于尝试、勇于创新。在艺术创作的过程中，要引导幼儿学会自我评估，懂得欣赏自己的作品，从中发现不足并改进。

④培养幼儿的学习素质和美学趣味

除了注重艺术技能的培养，创意艺术教育还应该注重培养幼儿的学习素质和美学趣味。通过艺术活动，可以培养幼儿观察力、想象力、思维能力等学习素质，同时也可以增加他们对美的敏感性和鉴赏能力。

（2）幼儿艺术创作教学的认识目的

在幼儿艺术创作教学中，需要明确一定的认识目的，包括：

①认识艺术创作所需素材

幼儿在艺术创作过程中需要了解和掌握各种素材，如画笔、画纸、颜料等。教师应该引导幼儿认识不同的艺术材料，了解它们的特性和用途，以便在创作中加以运用。

②熟悉与艺术有关的艺术形式

幼儿应该熟悉与艺术有关的各种形式，如绘画、手工制作等。通过接触和体验不同的艺术形式，幼儿可以丰富艺术经验，拓宽艺术视野。

③了解艺术中包含的知识和历史

除了熟悉艺术形式，幼儿还应该了解艺术作品所蕴含的知识和历史。通过学习和欣赏艺术作品，幼儿可以学习不同种类的艺术知识，并了解其历史背景，从而获得一定的美术史知识储备。

（3）幼儿艺术创作教学内容的要求

在设计幼儿艺术创作教学内容时，需要考虑以下几个方面的要求：

①掌握艺术创作的基本技巧

艺术创作需要一定的技巧和方法，幼儿应该在教学活动中逐步掌握这些基本技巧。教师可以通过示范、演示等方式，向幼儿传授绘画、手工制作等方面的技巧，帮助他们提高作品的质量和表现力。

②培养与人交流的能力

艺术是一种交流的方式，幼儿应该在艺术创作的过程中培养与人交流的能力。教师可以组织学生展示自己的作品，与同伴分享创作经验，互相学习、交流、借鉴，促进彼此艺术水平的成长。

③对美丽的事物进行简单判断和认识

艺术教育还应该培养幼儿对美的感知力和理解能力，使他们能够对美丽的事物进行简单的判断和认识。通过欣赏优秀的艺术作品，幼儿可以感受美的魅力，提高自己的审美情趣，培养对美的敏感性和鉴赏能力。

2. 教学大纲

教学大纲是完成教学任务的重要手段。为了培养幼儿的创造性，提高他们的审美素质，必须对教学进行合理的安排和组织。幼儿园创造性美术教育课程要将幼儿的生活场所作为一个载体，将幼儿的活动作为一个重点，将幼儿游戏作为一种基本的方式来共同构建出课程的内容结构。

（1）建立一个"园内外""班内外""课内外"紧密相连的"课堂教学领域"

在幼儿园，建立一个紧密相连的课堂教学领域是至关重要的，这个领域不局限于课堂内的教学活动,还包括了园内外、班内外以及课内外的各种美术教育实践。这个全方位的教学领域可以在幼儿的美术学习中发挥重要的作用,能促进幼儿的创造性发挥和自主学习。

在幼儿园内部,可以建立"课堂美术教育""美术主题展"和"美术活动区"等设施和活动场所。通过课堂美术教育,教师可以针对不同年龄段的幼儿设计具有启发性和趣味性的美术课程,引导幼儿探索艺术世界,培养其审美意识和艺术表现能力。美术主题展则可以展示幼儿的作品,激发他们的自信心和成就感,同时也能够让其他幼儿从中受到启发和鼓舞。而美术活动区则是一个供幼儿自由发挥的空间,他们可以在这里进行自主的美术创作,尽情地表达自己的想法和情感。

在幼儿园外部,可以拓展美术教育的活动资源,开展"亲子美术教育""户外美术写生""参与美术节日"等课程实践活动。亲子美术教育可以让家长与孩子一起参与美术活动,增进亲子间的情感沟通和艺术共享。户外美术写生则可以让幼儿走出校园,感受大自然的美丽,并通过绘画来表达对自然的感受和体验。而参与美术节日则是让幼儿在重要节日时参与美术活动,增强他们对传统文化的了解和认同,同时培养他们的团队合作意识和创造力。

(2)课程整合,使课程的内涵与价值达到最大限度

在幼儿园美术教育课程中,将基本课程、拓展课程和探索课程三者整合起来,可以使课程的内涵与价值达到最大限度。

基本课程以教学实践为主,占据整体课程的60%。这一部分的课程设计主要围绕着"主题"与"家庭"展开,旨在通过系统的教学实践,帮助幼儿建立良好的美术基础,培养其艺术表现能力和审美情趣。在基本课程中,通过有计划的教学实践,幼儿可以在艺术活动中逐步掌握绘画、手工制作等基本技能,同时也能够体验到美术创作的乐趣和成就感。此外,基本课程还能以丰富多彩的主题,激发幼儿的创造性思维和想象力,让他们在艺术创作中表达自己的内心世界,体验艺术的魅力。

除了基本课程,拓展课程在整个课程体系中也占有重要地位,其比例为整体课程的20%。拓展课程设计的主要目的是拓宽幼儿的艺术视野,丰富其艺术体验。在拓展课程中,可以引入各种有趣的艺术活动和项目,如户外

写生、参观艺术展览等,让幼儿通过实践和体验进一步感受艺术的魅力和多样性。

另外,探索课也是课程体系的重要组成部分,其比例占整体课程的20%。这一类课程主要包括社会实践类和游戏类两种。在社会实践类课程中,可以组织幼儿参与各种社会实践活动,如美术公益活动、社区艺术活动等,让幼儿通过实践来感受艺术与生活的联系,培养他们的社会责任感和公民意识。而在游戏类课程中,则可以设计各种富有创意和趣味性的艺术游戏,激发幼儿的想象力和创造力,促进他们在游戏中学习与成长。

3. 学科建设与教学

在幼儿园的美术教学中,挖掘和运用地域文化的美育因素可以为幼儿提供丰富的艺术体验,激发他们对艺术的兴趣和热爱。因此,幼儿园应该以幼儿的智力开发和兴趣爱好为导向,将他们作为艺术教学的主体,积极探索和利用地域文化资源。首先,幼儿园可以通过深入了解当地的历史、传统文化和民俗风情,挖掘出与地域特色相关的美术元素。这些元素可以包括地方传统手工艺品、民间艺术形式、地方风景特色等。将这些地域美术元素融入美术教学中,可以使幼儿更加身临其境地感受到当地的文化传统,增强他们的文化认同感和归属感。其次,幼儿园可以积极利用当地的美术资源开展各类美术教育活动和创作实践。例如,组织幼儿参观当地的美术馆、画廊,举办地域文化展览,邀请当地艺术家进行艺术讲座和指导等。通过这些活动,不仅可以拓宽幼儿的艺术视野,还可以让他们亲身感受到地域文化的魅力,激发他们对艺术的兴趣和热情。

幼儿园还应该重视教师的美育素养培养,激发其参与美术教育活动和创作的热情。通过定期举办美术教育培训、邀请专业艺术家进行教学指导,帮助教师提升美术教育的专业水平和教学技能。教师的积极参与和专业教学可以有效地促进幼儿园美术教育的发展,为幼儿提供更加丰富和优质的艺术教育体验。

(三)创造性美术教育课程的实施

1. 创设良好环境,为幼儿创造力发展营造浸润式吸收的氛围

一个富有创意的学习环境,有助于孩子们更好地发挥自己的创造力。美

术活动通过美术作品自身的丰富色彩和多样的构型，与新事物的创造相结合，启发幼儿在已有形象的基础上，去突破认识的极限。如果幼儿在这种环境下进行创新的创作，并在已有的经验和认识层面上有所突破，我们就可以将他们的这种创作行为看作是一种创造性的行为。在此方面，扩大幼儿的认知范围，鼓励幼儿自主创造，是一种对幼儿个人的创造性行为的培养。一方面，可以创建一个具有创造性的物质环境，把当地特色传统文化和生活化的艺术素材与幼儿园的情境相结合；另一方面，可以在幼儿园的环境中设置具有创造性和想象力的艺术作品，让孩子们通过丰富多彩的作品或其他事物感受到这个世界的多样性。

2. 发展和运用生活化的教学素材，为培养幼儿的创造性思维构建有利的环境

将生活化的素材用在幼儿的美术和艺术活动中，能够更好地调动幼儿个人艺术创作的热情，提高幼儿的艺术想象力和创造力。因此，一方面，幼儿园可以采取将生活素材归类的方式，有目标地培养幼儿的想象力与创造力。这些生活素材按照其性质的差异，可分为生活物资、废弃物和天然物资三大类。在对材料进行归类之后，教师要指导幼儿对各种材料的功能属性有一个正确的认知，让幼儿在进行美术创作活动的时候，能够有创意地运用各种材料。另一方面，由于幼儿不具备丰富的生活经历，教师可以试着给幼儿一些素材的搭配方法作参考。在教学过程中，教师要引导孩子充分运用自己的想象力，把心中的想象用各种素材表现出来。

二、小学阶段（6—12岁）

（一）基础知识的学习

1. 素描基础

在小学阶段的创意美术课程中，素描基础是一个至关重要的部分。这一阶段的课程旨在为学生打下艺术创作的基础，培养其对形体、结构和比例的感知能力，以及绘画技巧的基本功。素描作为绘画的基本技法之一，在学生的美术教育中扮演着不可或缺的角色。

在素描基础课程中，学生将学习如何运用不同的绘画工具，如铅笔、炭

笔等，进行线条的勾勒和描绘。在掌握这些基本绘画工具的使用方法后，他们能够逐步展现出对于形态和结构的观察与表现能力。学生从最简单的线条开始，学习如何运用不同的线条质感和粗细，来描绘出物体的轮廓、纹理和质感，从而构建出具有立体感和真实感的绘画作品。

素描基础课程不仅帮助学生培养绘画技巧，更重要的是培养他们的观察能力和感知能力。在学习素描的过程中，学生能够学会如何仔细观察所画对象的形态、结构和细节，并通过画面再现来表达自己对于这些对象的理解和感受。通过不断地练习和实践，他们可以逐渐提高对于形体、结构、比例和构图的感知能力，从而为日后的艺术创作打下坚实的基础。

此外，素描基础课程还有助于学生培养绘画的耐心和毅力。素描作为一种需要反复推敲和练习的绘画技法，需要学生花费大量的时间和精力去完成。通过不断地练习，他们的绘画技术水平逐渐提高，同时也锻炼了毅力和耐心，这对于他们未来的学习和生活都是非常有益的。

2. 色彩理论

色彩是艺术创作中极具表现力和影响力的元素之一，因此对于学生而言，理解和运用色彩具有重要的意义。在色彩理论的学习过程中，学生将逐步了解色彩的基本概念、分类和搭配规律，以及色彩在艺术创作中的表现力和意义。

第一，学习色彩的基本概念。学生可以了解到色彩是由光的三原色（红、绿、蓝）经过混合形成的，以及色彩的基本属性，如色调、明度和饱和度等。通过对色彩的基本概念的学习，学生能够认识到色彩在艺术创作中的重要性，并开始逐渐探索其表现力和意义。

第二，学习色彩的分类和搭配规律。学生可以了解到色彩可以按照不同的属性进行分类，如冷暖色调、明度和饱和度等。同时，还可以学习到色彩的搭配规律，即不同色彩之间的搭配关系和效果。通过对色彩分类和搭配规律的学习，学生能够掌握色彩的运用技巧，丰富自己的艺术创作语言，提高作品的表现力和吸引力。

第三，对色彩进行实践运用。学生可以通过绘画、手工制作等形式，运用所学的色彩理论知识，创作出具有丰富色彩表现的作品。在创作过程中，学生能够体会到色彩对于作品情感表达和视觉效果的重要性，进而加强对色彩的运用能力。

3. 造型技巧

造型技巧是指学生通过对立体形态的理解，掌握如何利用不同的材料和工具进行立体作品的制作，从而培养空间想象力和手工操作能力。

第一，学习立体形态的基本概念和原理。通过观察和分析不同物体的形态和结构，学生可以理解立体造型的基本原理和特点。通过对立体形态的学习，学生可以培养空间想象力和立体感的表现能力。

第二，学习如何利用不同的材料和工具进行立体作品的制作。探索各种材料如纸张、塑料、木材等的特性和用途，以及各种工具如剪刀、胶水、雕刻刀等的使用方法。通过实践操作，学生可逐步掌握立体造型的基本技巧和方法，培养手工操作能力和创造性思维。

第三，通过立体作品的制作实践，展现自己的创意和想象力。运用所学的造型技巧，学生可以创作出具有立体感和空间感的作品，如雕塑、立体构建等。在创作过程中，学生可以体会到立体造型对于作品形式和表现效果的重要性，进而加深对立体形态的理解并提高相应的表现能力。

（二）创造性表达和审美体验

1. 自由创作

在小学阶段的创意美术课程中，自由创作是一项至关重要的活动，它为学生提供了展示个性、表达情感和释放想象力的机会。通过自由创作，学生可以在艺术作品中体现自己的独特思维和情感，培养创造性表达能力，得到全面发展。

第一，自由创作鼓励学生发挥自己的想象力和创造力。在这个过程中，学生不受限于特定的题材或指导，而是根据自己的兴趣和经验，自由地选择绘画、手工或其他艺术形式，进行个性化的创作。例如，一位小学生可能会画出自己想象中的奇幻世界，或者手工制作出具有独特风格的手工艺品。这种自由的创作过程激发了学生的创造性思维，培养了他们的想象力和创意表达能力。

第二，自由创作促进了学生的情感表达和情感体验。在艺术创作中，学生可以通过绘画、雕塑等形式，表达自己内心深处的情感，如喜悦、悲伤、愤怒等。例如，一位小学生可能会通过绘画来表达对家庭的思念，或者通过手工制作来释放内心的压力。这种情感表达不仅有助于学生情感的宣泄和调节，还提升了他们的情感智力和交流能力。

第三，自由创作培养了学生的艺术审美和批判性思维。在自由创作的过程中，学生可以接触到不同风格和主题的艺术作品，通过欣赏和评价这些作品，逐渐形成自己独特的艺术审美观。例如，学生可以观察和分析不同作品的构图、色彩运用等，从中汲取灵感和启示，提升自己的艺术鉴赏能力和批判性思维水平。

2. 审美体验

通过审美体验，学生可以感知艺术作品所蕴含的美学价值和情感内涵，培养自己的审美情趣和审美能力，进而提升自身的艺术修养和人文素养。

第一，审美体验可以丰富学生的艺术情感和情感体验。在课程中，学生有机会接触到各种不同风格和流派的艺术作品，包括绘画、雕塑、摄影等多种形式。通过欣赏这些作品，学生可以感受到美的力量和魅力，体验到艺术作品所蕴含的情感和情绪。例如，学生可能会被一幅绘画作品所打动，感受到其中所表达的喜怒哀乐，进而产生共鸣和情感交流。这种情感体验不仅有助于学生情感的丰富化发展，还提升了他们的情感智力和情感表达能力。

第二，审美体验可以提升学生的审美能力和欣赏水平。在欣赏艺术作品的过程中，学生学会了观察、分析和评价作品的艺术特点和美学价值，培养自己的审美情趣和审美眼光。例如，学生可以通过比较不同作品的构图、色彩运用等，发现其中的美学规律和艺术技巧，提升自己的艺术鉴赏能力和批判性思维水平。这种审美能力的提升不仅有助于学生对艺术作品的理解和欣赏，还为他们今后的艺术创作提供了丰富的参考和启示。

第三，审美体验可以激发学生对艺术的热爱和追求。通过欣赏艺术作品，学生逐渐培养起对艺术的热情和兴趣，愿意主动探索和了解更多的艺术知识和技巧。例如，学生可能会对某位艺术家的作品产生浓厚的兴趣，愿意深入了解其创作背景和艺术风格，甚至模仿其创作方式进行实践。这种对艺术的热爱和追求不仅有助于学生个人兴趣的培养和发展，还为他们未来的艺术道路打下坚实的基础。

三、中学阶段（12—18岁）

（一）创作实践

1. 深化基础知识

（1）素描技巧的提升

在中学阶段，素描技巧的提升成为创意美术课程的重要内容之一。学生将通过系统地训练和实践，进一步深化对素描技法的理解和掌握，以提高其绘画水平和艺术表现能力。

该阶段的学生要接受更为复杂的素描技法训练，其中包括对比度、阴影和透视等方面的深入学习。通过对比度的训练，学生能够学会如何准确地表现物体之间的明暗关系，从而增强作品的立体感和层次感。通过对阴影的绘画练习，学生将掌握如何运用阴影和光影效果来突出物体的形态和结构，使作品更具生动感和立体感。透视是素描中的重要技法之一，学生学习单点透视、双点透视等透视原理，并通过实践绘制不同场景和建筑物，锻炼自己的透视能力，使作品更具有空间感和真实感。

在这个过程中，学生不断挑战自己，探索更高级别的素描技法和表现手法。他们通过大量的练习和作品创作，逐渐提升自己的绘画技巧和审美水平，增强对形体结构和比例的把握能力。通过对复杂场景和对象的描绘，培养自己的观察力和表现力，提升作品的艺术品质和表现效果。

（2）色彩运用的探索

中学阶段，色彩运用的探索成为创意美术课程的重要组成部分。除了深入学习色彩理论，学生还将通过实践来探索色彩在艺术创作中的运用，从而丰富作品的表现力。首先，学生深入学习色彩理论，包括色彩的基本概念、分类、属性以及色彩的心理学效应等内容，了解不同颜色之间的关系，学会如何运用色彩来传达情感、表达含义。通过对色彩理论的系统学习，学生可以建立起对色彩的深刻认识和理解，为后续的实践探索奠定坚实基础。其次，通过实践来探索色彩的运用。学习如何进行色彩搭配，即如何选择和组合不同的颜色达到最佳的艺术效果。通过实践中的对比和调和，探索不同色彩之间的关系，并学会如何利用色彩的对比和调和来增强作品的表现力和视觉效果。这种实践性的学习使学生逐渐培养出对色彩的感知能力，从而能够更加灵活地运用色彩来表达自己的想法和情感。

通过对色彩运用的探索，学生可以不断挑战自己，尝试新的色彩组合和表现方式，从而丰富作品的表现形式，提升作品的艺术品质和观赏价值。这种探索性的学习不仅能够拓宽学生的艺术视野，还能够激发他们的创造力和想象力，使其在艺术创作中展现出更加丰富和多样化的风格。

（3）立体表现的挑战

雕塑作为一种立体艺术形式，要求学生不仅要理解和掌握平面的绘画技法，还要具备对立体空间的把握和表现能力。因此，学生可以通过学习雕塑接触到更加深入的技巧和知识，面对更为复杂的立体表现任务。首先，学习如何运用不同的材料进行立体作品的创作。探索并熟练运用石膏、陶土、木材等雕塑常用材料，了解每种材料的特性和应用方法。通过对材料的实际操作和处理，可以逐渐掌握各种材料的特点，提高雕塑作品的质感和观赏效果。其次，学习立体结构的构建和表现技巧。学习立体形态的基本结构和组成原理，掌握雕塑作品的比例、比例关系和比例转换等基本概念。通过对立体空间的理解和把握，知道如何通过雕塑作品来表现立体形态的特征和魅力，塑造出具有立体感和空间感的艺术形象。最后，通过实践来培养自己的空间想象力和手工操作能力。学生会面对各种立体表现的挑战，例如如何处理雕塑作品的比例关系、如何表现立体形态的光影效果等。通过不断地尝试和实践，逐渐提高自己的雕塑技巧和创作水平，展现出更加丰富和多样化的立体艺术作品。

2．注重主题与技法

（1）主题探索与表达

在中学阶段的创意美术课程中，主题探索与表达是非常重要的一环。这一环节不仅可以帮助学生发挥自己的想象力和创造力，还能够让他们通过艺术作品来表达自己对世界的独特见解和情感体验。首先，课程鼓励学生选择和确定自己感兴趣的主题。这样的设计能够激发学生的主动性和积极性，让他们在创作过程中更加投入和专注。学生可以根据自己的兴趣爱好、社会关注点或者个人经历，选择适合自己的主题进行探索和表达。其次，通过绘画、雕塑等形式来表达自己对社会现实、人生体验等方面的思考和情感。这种方式既能够让学生通过视觉艺术作品来展现自己的内心世界，又能够让他们更深入地思考和探索所选择的主题。例如，可以通过绘画作品来表达对环境保护、社会公平、人性善恶等议题的思考和态度，或者通过雕塑作品来表达对人生价值、情感体验等方面的感悟和理解。最后，展现出独特的艺术视角和表现方式。在选择主题和表达形式的过程中，每个学生都会展现出自己独特的艺术个性和创作风格。课程鼓励学生发挥自己的想象力和创造力，尝试不同的表现手法和艺术语言，从而展现出丰富多彩的艺术作品。

（2）技法运用与创新

中学阶段的创意美术课程除了强调个人情感和思想的表达外，还着重于引导学生探索和运用各种艺术技法和风格，培养他们的创造性思维和表现能力。这一过程不仅能够让学生拓展对艺术的认识和理解，还能够激发他们的创新精神和艺术想象力。

第一，课程为学生提供尝试结合不同材料和技巧进行创作的机会。通过引导学生尝试使用各种材料（如水彩、油画、丙烯等）以及不同的绘画技法（如湿画法、干画法、薄涂法等），学生可以深入了解不同材料和技法的特点和运用效果。通过实践探索，学生可以逐渐发现自己擅长和喜欢的创作方式，并且能够更加灵活地运用这些技法来表达自己的想法和情感。

第二，课程鼓励学生挑战传统的创作模式，勇于展现个性化的艺术风格和创新精神。学生有机会参与各种创意实践和项目，如艺术展览、比赛等，展示自己独特的艺术见解和创作成果。同时，教师也应该鼓励学生勇于尝试新的艺术表现方式，如数字艺术、装置艺术等，以及结合其他学科知识和技能进行跨界创作。这样的实践不仅能够激发学生的创造力和想象力，还能够促进他们综合素质的发展和成长。

（二）艺术鉴赏

1. 多样化的作品欣赏

（1）欣赏范围的拓展

在中学阶段，学生可以接触到各种不同风格和流派的代表性作品，涵盖古典与现代、东方与西方等各种类型，从而深入了解不同文化背景下的艺术表现形式和内涵。首先，通过欣赏这些丰富多样的艺术作品，学生能够拓宽自己的艺术视野，开阔思维，增加对艺术的理解和欣赏。他们可以从中感受到不同文化、不同历史背景下艺术作品所蕴含的独特魅力，进一步领悟艺术作品的多样性和丰富性。其次，通过欣赏古典与现代、东方与西方等各种类型的作品，学生可以了解到不同文化传统和艺术流派之间的联系和差异，能够学会欣赏不同文化所呈现的艺术美感，并通过对比，深入探讨不同文化背景下的艺术表现方式和意义。最后，通过欣赏丰富多样的艺术作品，学生还能够培养自己的审美情趣和品位，提高对艺术作品的鉴赏能力。他们能够学会从更深层次去理解和感受艺术作品，领略艺术的内在美和精神内涵，进而激发自己对艺术的热爱和追求。

（2）欣赏方法的培养

学生在中学阶段的创意美术课程中，接受系统的艺术作品欣赏训练，培养有效的欣赏方法和艺术鉴赏能力。这种培养不仅是为了提高学生的审美水平，更是为了让他们能够从艺术作品中获取更多的启示和感悟，拓宽自己的思维。首先，课程引导学生从多个角度去观察艺术作品。这包括对作品的形式结构、色彩运用、线条构成等方面的观察，以及对作品所表达的内容、主题和情感的理解。学生学会如何通过观察作品的视觉元素和情感表达来深入理解作品的内涵和意义，从而提升自己的艺术鉴赏水平。其次，课程培养学生对艺术作品的主观感知和情感体验能力。学生应该被鼓励表达自己对艺术作品的看法、情感体验和联想想象，从而使对作品的理解和赏析丰富化。通过与作品产生情感共鸣和内心对话，学生能够更加深入地理解和感悟作品所蕴含的情感和思想。此外，课程还可以培养学生的批判性思维和评价能力，使之学习如何客观地评价艺术作品的优缺点，分析作品的艺术技法和表现手法，提出合理的批评和建议。通过批判性思维的训练，学生可以逐渐形成独立的艺术评价观点，增强对艺术作品的理解和鉴赏能力。最后，课程注重实践性的训练和体验。学生有机会参与各种形式的艺术作品欣赏活动，包括参观美术馆、艺术展览，参加艺术家讲座等，通过亲身体验和实践，深化对艺术作品的理解和欣赏。这种实践性的训练将使学生更加贴近艺术，加深对艺术的感知和体验，从而提高艺术鉴赏能力。

2. 批判性思维的培养

（1）分析与评价能力的提升

课程着重培养学生的批判性思维，其中包括对艺术作品进行深入的分析和评价。学生学习如何审视艺术作品的美学特点、表现手法和意义，以及作品所承载的文化、历史和社会背景。通过系统的分析与评价训练，使学生逐渐提升对艺术作品的理解和欣赏水平，培养其对艺术作品的深层次理解能力。

在分析能力的提升方面，课程引导学生掌握分析艺术作品的方法和技巧。学生将学习如何识别作品中的美学元素，包括构图、色彩运用、线条表现等，以及作品所传达的情感和意义。通过对这些方面的深入分析，学生能够更准确地把握作品的艺术特点和内涵，从而提升自己的分析能力。

在评价能力的提升方面，课程鼓励学生进行批判性思考和评价。学生将学会如何客观地评价艺术作品的优缺点，提出合理的批评和建议。教师可以引导学生思考作品的艺术手法是否恰当，作品的表现力是否充分，以及作品所传达的主题和意义是否清晰。通过这种批判性的评价，学生能够更全面地理解和评价艺术作品，增强自己的艺术鉴赏能力。

（2）独立思考与判断能力的培养

在艺术鉴赏过程中，课程注重培养学生的独立思考和判断能力。鼓励学生提出自己的见解和观点，勇于表达个人的审美情感和理解；参与艺术作品的讨论和交流，与同学和老师展开思想碰撞和观点交流。通过这样的互动，学生逐渐形成独立的艺术审美观点，培养自己的独立思考和表达能力。同时，课程引导学生培养自己的判断能力。学生将学会如何对不同的艺术作品进行客观评价，辨别作品的优劣之处，并从中总结出自己的判断标准和评价体系。

通过这样的训练，使学生逐步成长为有独立见解和判断能力的艺术爱好者和评价者，为其未来的艺术生涯打下坚实的思想基础。

四、大学阶段（18—22岁）

（一）专业化课程设置

大学阶段的创意美术课程旨在为学生提供更深入、更专业的学习内容，以满足不同学生的兴趣和需求。这些专业化课程涵盖广泛的艺术形式，包括但不限于绘画、雕塑、摄影等。学生可以选择自己感兴趣的艺术形式，并在这些课程学习中深入了解艺术的理论和创作方法。

第三章　创意美术教育的课程设计与开发

1. 绘画课程

在大学阶段的绘画课程中，学生通过深入学习绘画艺术的多样性和丰富性，探索不同的绘画媒材和技法，如油画、水彩、素描等，拓宽自己的艺术视野。

首先，学生通过实践，探索每种绘画材料的特点和表现方式。油画以其丰富的色彩和质感以及可长久保存等特点而备受青睐。学生可以学习油画的基本技法，如色彩层次的运用、画面构图的设计等，以及油画创作的工具和材料的使用。水彩作为一种透明水性媒材，具有独特的表现效果，学生可以探索水彩的水性和色彩的渗透、融合效果，培养对水彩的灵活运用和把握。素描作为绘画基础，可以通过素描的训练，提高学生对形体结构和比例的把握能力，培养他们绘画的基本功底。其次，通过学习绘画理论和讨论艺术思想，学生可以深入理解绘画艺术的内涵和意义。他们在课堂上探讨绘画中的色彩、形态、结构等方面的理论知识，了解不同风格和流派的绘画作品，从中汲取灵感和启发；同时，还要学习艺术思想和美学理论，探讨绘画作品背后的文化、历史和社会背景，理解艺术作品的审美内涵，从而提升自己的审美情操和艺术修养。

总之，绘画课程不仅使学生学习绘画技能，还能展现他们的创造力和表现力。通过绘画的实践和探索，学生能够不断发现和丰富自己的绘画风格和表现手法，展现个性化的艺术视角和表达方式。

2. 雕塑课程

在大学阶段的雕塑课程中，学生要深入学习雕塑的基本原理和技巧，运用各种材料创造出立体形态的作品，表达自己的创意和想法。

首先，学生学习雕塑的基本原理和技巧，探索雕塑的造型、结构和空间感，了解雕塑作品的构建和表现方式。学生通过对不同材料如石膏、金属、陶土等的使用，掌握雕塑的工具和技术，从而能够灵活运用材料创造出多样化的作品；学习雕塑的历史和发展，了解不同时期和地区的雕塑艺术，从中汲取灵感和启发。其次，课程注重学生的实践能力和创新意识的培养，让学生有机会参与各种雕塑项目和实践活动，通过实际创作和表现，提升自己的雕塑水平和创作能力。课程还鼓励学生尝试新的材料和技术，挑战传统的创作模式，发掘个性化的艺术表现方式。例如，学生可以探索数字雕塑技术、环境雕塑等新颖的艺术形式，拓展自己的创作领域和思维边界。

通过雕塑课程的学习，学生不仅能够掌握雕塑的技巧和理论知识，还能够培养创造性思维和艺术表现能力。他们将在实践中不断探索和发现，挖掘出自己独特的艺术风格和表现方式。雕塑课程的学习不仅有助于学生打下坚实的艺术基础，还能够为他们未来的艺术实践和职业发展提供丰富的资源。

3. 摄影课程

在大学阶段的摄影课程中，学生可以全面学习摄影的技术和艺术表现手法，探索影像在艺术创作中的多重意义和应用。首先，学生将学习摄影的技术和操作。课程内容涵盖从基础的相机操作到高级的后期处理技巧，帮助学生全面掌握摄影的各个环节，包括如何调节光圈、快门速度和 ISO 等参数，以及如何运用不同的摄影器材和设备。通过实践和实验，学生能够逐步熟练掌握摄影技术，并为自己的创作提供技术支持和保障。其次，课程强调摄影艺术的表现力和意义。学生将探索摄影艺术作为一种视觉艺术的独特魅力，通过作品分析和实践项目，深入理解摄影艺术的表现方式和审美特点；通过学习如何构图、选择题材、表达情感等，达到能够创作出具有个性和深度的摄影作品的水平。同时，课程还引导学生思考摄影艺术在社会、文化和历史背景下的意义和影响，培养他们对摄影艺术的批判性思维和理论洞察力。

（二）独立创作和实践

1. 创作项目的开展

在大学阶段，创作项目的开展成为创意美术课程中的重要一环。这些项目为学生提供了展示个人创意和想法的舞台，旨在培养他们独立思考的能力、创新能力和实践技能。在这个阶段，学生有机会选择个人或团队的艺术项目，并通过自主选择主题和形式，展示自己的创意和想法。

这些创作项目的形式多种多样，涵盖了绘画、雕塑、摄影等各种艺术表现形式。学生也可以选择跨媒体和跨学科的创作领域，例如视觉艺术与数字媒体的结合、艺术与科学的交叉探索等。通过这些项目，学生有机会在老师的指导下，深入探索自己感兴趣的主题，并通过实践和创新，不断丰富和完善自己的创作语言和风格。

在这个过程中，学生能够学会如何提炼自己的创意，将其转化为具体的艺术作品，并通过反复实践和修改，逐步完善作品的表现形式和艺术效果。他们要掌握如何运用不同的艺术技巧和媒材，以及如何应对艺术创作中的各种挑战和困难。

此外，创作项目的开展还可以促进学生之间的合作与交流。在团队项目中，学生通过与他人合作，学习如何有效沟通和协调，以达成共同的艺术目标。通过同学间的互动和合作，他们可以从彼此的创意和经验中获益，共同成长。

2. 艺术展览与比赛参与

大学阶段，艺术展览和比赛参与对学生的艺术发展起着至关重要的作用。这些活动不仅为学生提供了展示个人作品的平台，也是他们与其他艺术家和观众交流互动的重要机会。通过参与这些展览和比赛，学生不仅可以展示自己的创作成果，还能够接触到不同风格、不同流派的艺术作品，从中汲取灵感和经验，促进自身的艺术成长。

参与艺术展览和比赛不仅可以激发学生的创作热情，还有助于拓宽他们的人际网络和艺术圈子。在这些活动中，学生有机会与来自不同地区、不同背景的艺术家交流互动，分享彼此的创作经验和心得体会。这种交流不仅能够拓宽学生的艺术视野，还可以促进学生之间的合作与交流，为他们未来的艺术道路打下坚实的基础。

此外，参与艺术展览和比赛还能够提升学生的艺术修养和创作技能。在这些活动中，学生需要仔细策划、组织和呈现自己的作品，从中培养自己的艺术表达能力和展示技巧。同时，通过与其他优秀作品相比较，学生还能够发现自身的不足之处，从中汲取经验教训，不断提升自己的创作水平和审美能力。

最重要的是，成功参与并获得奖项的经历将为学生的个人履历增添亮点，为他们未来的艺术发展打下坚实的基础。这些荣誉不仅可以提升学生在艺术界的知名度和声誉，还可以为他们的职业发展和学术研究带来更多的机会和资源。因此，参与艺术展览和比赛对于大学阶段的学生来说，不仅是一次展示自己才华和实力的机会，更是实现自我成长和迈向成功的重要一步。

3. 艺术社群的互动与交流

在大学阶段，参与艺术社群的互动和交流是学生提升艺术修养和专业水平的重要途径之一。除了参与展览和比赛，学生还可以通过参加艺术社群、工作坊、讨论会等形式，与其他艺术爱好者和专业人士进行深入的交流和分享。这种社群互动能够拓宽他们的艺术视野，激发创作灵感，提高创作水平。

艺术社群的互动与交流能够为学生提供一个广阔的学习平台，让他们有机会倾听不同观点和见解。在这样的交流环境中，学生可以分享自己的创作经历和心得体会，也能够从他人的经验和见解中获益。通过与其他艺术爱好者和专业人士的交流，能够了解不同艺术领域的最新动态和发展趋势，从中汲取灵感，拓展自己的艺术思路和创作技巧。

此外，艺术社群的互动还能够促进学生之间的合作与共同成长。他们在社群中可以结识志同道合的艺术伙伴，共同探讨艺术创作的技巧和方法，相互鼓励和支持。通过共同的学习和交流，学生们能够相互激发创作灵感，共同成长，共同进步。

最重要的是，艺术社群的互动与交流能够为学生提供一个积极向上的学习氛围，激发他们对艺术的热爱和追求。在这样的氛围中，学生能够不断探索和挑战自己的创作边界，不断提升自己的艺术水平和专业素养。因此，艺术社群的互动与交流对于大学阶段的学生来说，是一种宝贵的学习资源，有助于他们在艺术道路上取得更大的成就。

第三节　结合实际案例分析高校创意美术教育课程的实施效果

一、基于实际案例对课程的设计与实施过程

如今，高校的美术教育正在逐渐转变，目标是要与素质教育相适应。高校美术教师需要及时调整教学理念，注重学生综合素质的培养，激发学生的学习主动性。以下通过具体案例，深入分析高校创意美术教育课程的设计与

实施过程。

（一）美术欣赏在高校美术教学应用中的重要意义

1. 提升学生基础理论知识和技巧水平

为了有效提升学生的美术基础理论知识和技巧水平，现代高校美术教师需要在教学实践中注意以下几个方面的优化改进。首先，教师应该结合学生的实际学习情况和特点，有针对性地设计和优化课堂教学内容和方式。如果学生的美术基础较为薄弱，那么单纯地向他们灌输专业理论知识和技巧可能会导致学习效果不佳。因此，教师应该采用多样化的教学方法，例如结合案例分析、实践操作、讨论互动等形式，使学生能够更加直观地理解和掌握所学内容。其次，教师需要强化自身的实践创新意识和能力，将美术欣赏融入美术课堂教学。通过展示和讨论经典美术名作，引导学生感知不同类型美术作品的情感和态度，并帮助他们构建科学完善的美术专业知识框架。例如，在讲解《清明上河图》（图3-1）时，教师可以利用多媒体信息设备展示该作品，并向学生详细介绍其创作背景和艺术特点，以激发学生的兴趣和好奇心。此外，教师还应该注重与学生的互动交流，激发学生的学习主动性和参与度。通过鼓励学生提出问题、分享观点和参与讨论，更好地了解学生的学习需求，并及时调整教学内容和方法。同时，教师还可以开展实践项目和作品展示活动，提供更多的机会让学生展示自己的创作成果，并从中获得反馈和启发。

图3-1　清明上河图（局部）　[北宋]张择端

2. 培养学生良好的职业素质和审美素养

在素质教育时代，任何一所高校都要高度重视对学生的良好职业素质的培养，使其将来能够快速适应工作岗位和环境，达到用人单位对人才素养的相关要求。在高校美术实践教学中合理应用美术欣赏，能够满足不同层次学生的美术学习需求，促进学生的个性化发展。在传统美术教学中，教师往往只关注学生美术基础理论知识和绘画创作技巧的掌握和应用，在一定程度上忽视了学生个人审美情感和艺术素养的培养，导致学生综合素质难以得到有效提升。对此，高校美术教师应充分发挥美术欣赏教学的功能，组织引导学生参与多元化的美术欣赏活动，营造轻松愉悦的学习气氛，强化学生的审美思维，全面提升学生的审美素养。此外，教师还可以带领学生到用人单位一线岗位进行参观学习，与相关岗位的员工相互交流，这样能够培养学生良好的职业素养。

3. 增强学生的美术想象能力和创作能力

美术是一种充满想象力的艺术，在美术实践教学过程中，教师要注重培养学生良好的美术想象能力和创作能力。教师将美术欣赏融入美术教学，一边让学生欣赏画作，一边进行画作背景知识、创作手法的讲解，这样能够让学生初步了解和认识该绘画作品。然后，在教师的科学引导下，学生发散思维，充分发挥自身的创造力和想象力，根据自身的美术创作风格和学习特点，完成对绘画主题的美术创作。教师应充分激发学生的美术创作热情和兴趣，让学生全身心地投入美术创新、创作活动中，从而提高学生的美术创新创作能力。

（二）美术欣赏在高校美术教学中的实践应用措施

1. 创新运用美术欣赏方式

在高校美术实践教学中，美术欣赏作为一项重要的教学内容，其价值作用不言而喻。然而，要充分发挥美术欣赏的作用，教师需要创新运用欣赏方式，并结合作品的特点进行针对性指导，以提高美术教学的质量和效率。

第一，教师应根据学生的实际学习情况和兴趣需求，合理选择具有代表性的美术作品。这样做有助于调动学生的学习积极性，激发他们对美术作品的兴趣和热情，从而全身心地投入美术欣赏活动中去。通过选择一些经典或当代的艺术作品，帮助学生建立起对美术发展历程和艺术潮流的认识，从而扩展他们的艺术视野。

第二，教师需要正确认识不同美术作品的审美侧重点，并针对性地进行指导。有的作品可能更加注重整体布局和形象塑造，而有的作品则更加注重时代背景与历史内涵的科学表达。教师应该根据作品的特征，引导学生从不同的角度去欣赏和理解，帮助他们发现作品的艺术之美，并从中汲取灵感、获得启发。

第三，教师可以运用多种多样的欣赏方式和工具，如多媒体展示、实物展示、文学作品配对等，来丰富美术欣赏的形式和内容。利用这些方式，可以更加直观地展示作品的特点和魅力，让学生能够更深入地理解和感受艺术的魅力。

第四，教师应该注重学生的参与反馈，在欣赏活动中给予他们充分的表达空间。鼓励学生发表自己的观点和见解，与他人进行讨论和交流，从而促进学生之间的相互学习和成长。同时，教师也应该定期收集学生的反馈意见，并根据实际情况及时调整和改进教学内容和方式，以保证美术课堂教学的整体效果。

2. 激发学生的审美情感

高校美术教师在开展美术欣赏实践教学活动时，应该注重有效激发学生的审美情感，培养学生良好的审美意识和能力。教师要意识到学生美术欣赏能力的培养并不是一朝一夕的，在日常教学中要为学生科学全面地介绍不同艺术家的美术创作构思。例如，介绍常见的整体空间结构、造型含义、自然环境要素以及作品材料质地等，有利于加深学生对艺术家作品的学习理解。与此同时，高校美术教师还需科学地引导学生理解美术作品的主题，可以利用多媒体设备展示具体画作和作者的生活经历、创作背景等，指导学生自主完成对作品主题的判断理解，大胆发表自己的观点和想法。例如，教师讲解画作《韩熙载夜宴图》（图3-2）时，要事先搜集相关材料，为学生详细介绍该作品的创作背景，使学生了解到该作品充分反映了特定时代的社会

创意美术教育的理论与实践

风情，作品中有效创建了五个不同的生活场景，分别是听曲、休息、观舞、惜别以及赏乐，这些场景的重现，让人们了解到那个时代统治阶级的生活。通过对此类美术作品的欣赏，学生能够了解作品的内涵，培养审美意识和能力。

图 3-2　韩熙载夜宴图（局部）　[南唐]顾闳中

3. 强化美术欣赏实践活动

高校美术教师在开展美术欣赏教学活动时，要给予学生充足的美术创作机会，促使学生在创作中充分表达个人的丰富情感，培养学生良好的艺术素养和审美能力。教师要结合作品特征，有效地为学生提供实践创作机会，以小组形式引导学生展开交流探讨，完成对具体画作的观察分析，获取自身的审美情感，从而将自身思想感情融入绘画创作。例如，选择《奥尔塔·德埃布罗的工厂》（图 3-3）作为欣赏对象展开教学活动时，教师要让学生了解作者毕加索在该幅画作的创作过程中，科学有效地打破了传统工厂的形状，创新地拆分了房屋结构，根据自己的意愿进行了结构重组，最终展现出一个全新的三维空间。通过对该幅经典画作的欣赏和分析，学生能够获得另类的审美享受。

第三章 创意美术教育的课程设计与开发

图 3-3 奥尔塔·德埃布罗的工厂 [西班牙] 巴勃罗·毕加索

二、分析实施效果，提出改进建议与经验总结

在创意美术教育课程的实施过程中，可能会遇到各种问题和挑战，教师需要有针对性地调整与改进课程内容，为未来的课程设计提供参考。

（一）教学方法的多样化改进

在美术欣赏教学中，教师的教学方法起着至关重要的作用。传统的教学方式往往存在一定的局限性，教师应意识到这些不足，并积极改进教学方法，使之更加多样化和灵活化。多样化的教学方法可以激发学生的学习兴趣，提高他们的学习效果和满意度。

第一，教师可以运用多媒体技术进行教学。通过投影仪、电子白板等设备，教师可以将艺术作品以高清的形式展示给学生，使他们更加直观地感受到作品的细节和美感。同时，教师可以利用多媒体资源，向学生介绍艺术作品的背景知识、艺术家的生平事迹等，帮助学生更全面地理解作品的意义和价值。

第二，实物展示是另一种有效的教学方式。教师可以在课堂上展示真实的艺术作品或艺术复制品，让学生近距离观察和欣赏。通过触摸感受，学生可以更深入地了解作品的质地、色彩和形态，从而更好地理解艺术家的创作意图和技巧运用。

第三，学生互动也是提升教学效果的重要手段。教师可以设计一些富有趣味性和挑战性的活动，引导学生参与讨论、分析、评价艺术作品。通过小组讨论、角色扮演、案例分析等形式，学生可以相互交流思想，分享观点，拓宽视野，提高批判性思维和创造性思维水平。

第四，针对实践课程，教师还可以根据学生的个性化需求制定差异化教学计划。通过了解学生的兴趣、特长和学习风格，教师可以为不同类型的学生提供个性化的指导和支持，帮助他们充分发挥潜能，实现个性化发展。

第五，在课程结束后，教师应及时收集学生的反馈意见，并进行教学调整。通过问卷调查、座谈会等方式，了解学生对教学内容、教学方法的看法和建议，及时对教学进行优化，保持教学的持续改进。

（二）合理安排课程内容与时间

理论知识与实践技巧的结合是美术教育的核心原则之一，因此，教师需要在课程设计中精心安排理论讲授和实践操作的时间，以确保学生全面发展。首先，理论知识的传授应该在课程中占据重要地位。通过系统的理论学习，学生可以了解艺术的基本原理、概念和发展历程，建立起对美术领域的全面认识。这些理论知识不仅有助于学生理解艺术作品的意义和内涵，还可以提升他们的批判性思维和审美观念。其次，实践操作也是不可或缺的部分。通过实践操作，学生可以将理论知识转化为实际技能，提高绘画、雕塑、摄影等艺术表现力。因此，教师应该为学生提供充足的实践时间，让他们有机会在课堂上动手实践，锻炼技巧，提升自己的创作水平。

在安排课程内容与时间时，还应注重平衡理论与实践的比重。理论知识的讲解通常需要一定的时间来深入探讨，但过多的理论内容可能会使学生感到枯燥和厌倦。因此，教师应该灵活运用教学方法，将理论知识与实践操作相结合，使学生在理论学习中感受到实践的重要性，在实践操作中巩固理论知识的学习成果。此外，课程安排还应考虑到学生的学习进度和兴趣特点。不同学生的学习能力和兴趣爱好可能存在差异，因此，教师应该根据学生的实际情况合理安排课程内容和时间，确保每个学生都能够得到有效的学习。

(三) 提升教师的专业素养

教师需要不断地进行自我提升和学习,掌握现代美术教学的最新理念和技巧,提升自身的专业素养。首先,教师可以通过进修和学习课程来提升自己的专业水平。比如参加专业培训、研讨会、研修班等活动,接触最新的教学理论和实践经验,不断更新自己的知识储备和教学方法。还可以选择参加艺术展览、讲座和工作坊等活动,与行业内的专家和同行进行交流互动,拓宽自己的视野和思路。其次,通过观摩提升专业素养。教师可以定期参观美术展览、画廊和艺术工作室,感受真实的艺术作品和氛围。也可以观摩其他学校的美术课程,借鉴其他教师的教学经验和方法,为自己的教学提供新的思路和灵感。

第四章　创意美术教育的教学方法与技巧

第一节　激发学生创造力的教学方法与策略

一、启发式教学

（一）提出具有启发性的问题或情境

启发式教学旨在通过引导学生思考和解决具有挑战性的问题或情境，激发其创造力和思维深度。在创意美术教学中，教师可以选择那些与现实生活紧密相关、具有深度和广度的问题或场景，以引发学生的兴趣和好奇心。以下是一些具有启发性的问题或情境：

1. 环保材料在雕塑创作中的应用

如何利用绿色环保材料，如再生塑料或可降解材料，进行雕塑创作，以回应当代社会对环境保护的需求？

在雕塑作品中融入环保主题，如何通过形式和意义的双重表达，传递出对环境保护的关注和呼吁？

2. 艺术创作与科技融合的可能性

在数字化时代，艺术创作如何与科技相结合，呈现出全新的美学体验？

如何利用虚拟现实、增强现实等技术，打破传统艺术形式的限制，开拓艺术表现的新领域？

3. 艺术作品与个体情感的关联

如何通过艺术作品表达个体的情感和思想，以及对社会现实的反思？

通过雕塑、绘画等艺术形式，如何将个人内心的情感和外部世界的观察相融合，创造出具有深度和引起共鸣的作品？

这些问题或情境不仅能够引导学生思考艺术与社会、科技、个体情感等方面的关系，还能够激发他们的创造力和创意思维。通过探索这些问题，学生将有机会拓宽视野、培养批判性思维，并在创作实践中不断探索和成长。

（二）挑战学生的思维

启发式教学的核心在于挑战学生的现有思维，鼓励他们跳出传统的思维模式，勇于尝试新的创意表达方式。教师需要设计具有挑战性的学习任务和项目，要求学生在解决问题或完成作品时展现出创造性和创新性。以下是一些具有挑战性的任务和项目：

1. 探索现代人与自然的关系

以雕塑作为表现形式，设计一个作品探索现代人与自然的关系，并展现出对环境保护的呼吁。雕塑作为一种艺术表现形式，能够通过具体的形态和结构，深刻地表达人类与自然之间的联系和互动，非常适合此类课题。

通过雕塑作品，可以生动地展现人类与自然的关系。学生可以创作出具有象征性和抽象性的雕塑作品，反映人类对自然的认识、感受和态度。学生可以用雕塑作品表现人类与自然和谐共生的场景，或者反映人类对自然资源的过度开发和破坏所带来的后果。例如，可以用雕塑作品表现被污染的河流、被砍伐的森林、受到破坏的生态系统等场景。也就是说，通过雕塑的形式，可以直观地展现出人类活动对自然环境的破坏和危害。学生还可以通过雕塑作品表现清洁的河流、绿色的森林、健康的生态系统等场景，向观众传递环保的信息和理念。也就是说，通过雕塑的形式，可以引起观众对环境保护的关注和思考，促进社会各界共同行动起来保护环境，建设美丽家园。

2. 反映科技发展对人类生活的影响

数字艺术技术的运用为创作者提供了广阔的创作空间和表现手段，使得艺术作品能够更加生动地反映出科技对人类生活的深刻影响。

在这样的作品中，学生可以通过计算机绘图、数字影像处理等技术手段，呈现科技带来的便利与挑战。例如，可以通过虚拟现实技术，展现人们在数字世界中的生活场景，表现科技带来的信息交流、娱乐媒体、虚拟社交等方面的便利。同时，也可以通过数字艺术的方式，反映科技对人类生活所带来的挑战，如数字化带来的信息过载、网络依赖、个人隐私泄露等问题。通过这样的作品，观众可以深刻地感受到科技对人类生活的双重影响，思考科技在人类社会中的角色和地位。

这类作品还可以探讨人类与科技之间的关系和未来科技发展的可能性。学生可以通过数字艺术的方式，表现人类与科技之间的互动关系，探索科技对人类社会、文化、价值观念等方面的影响，并思考未来科技发展的走向和趋势。通过这样的作品，观众可以深入了解科技与人类的关系，以及科技对人类未来生活可能产生的影响，促进对科技发展的深入思考和讨论。

3. 表现个体内心世界的变化与情感体验

在当今社会，个体面临着各种各样的挑战和压力，社会变革和快节奏生活方式给人们带来了诸多心理压力和情感困扰，这些内心的变化和情感体验往往被深深地藏在个体内心深处，不易被外界观察到。

绘画或雕塑等艺术形式作为表达个体情感和内心世界的媒介，为个体提供了一种自我表达的途径。学生可以通过艺术作品表达自己的情感体验和内心感受，将内心世界呈现在观众面前。在作品中，可以通过色彩、线条、形态等艺术元素来表现个体内心世界的变化，如情绪的起伏、心境的变化、情感的流动等。通过对个体内心世界的细腻描绘和深入探索，作品可以反映当代社会个体的心理状态。

此外，通过艺术作品表现个体内心世界的变化与情感体验，也可以探索个体在当代社会中所面临的挑战和困惑，以及对未来的期许。作品中可以表现个体在社会变革和快节奏生活中所经历的种种困惑和挣扎，以及对未来的向往。通过艺术作品的表达，可以使观众深入思考和感受到当代社会个体的内心世界，引发共鸣和思考。

（三）促使学生独立思考

1. 提供自主选择的空间和资源

启发式教学注重学生的主动性和自主性，因此教师在教学中应当为学生提供足够的自主选择空间和资源。首先，教师可以为学生提供多样化的艺术材料、工具和技术支持，让他们根据自己的兴趣和创作需求进行选择和运用。例如，学生可以选择使用不同的绘画材料（如颜料、画笔、画布）、雕塑材料（如陶土、木材、金属）、数字艺术软件等，来表达自己的创意和想法。同时，教师也应当根据学生的需求和能力，提供必要的指导和建议，帮助他们更好地利用这些资源进行创作。其次，教师还应鼓励学生积极参与各种艺术活动和社会实践，以拓宽自己的艺术视野。例如，教师可以组织学生参观艺术展览、美术馆或工作室，让他们接触和了解各种不同风格和流派的艺术作品，从中获取灵感和启发。此外，教师还可以鼓励学生阅读相关的艺术书籍、期刊或文献，深入了解艺术史、艺术相关理论和实践，从而形成对艺术更加深入和全面的理解。

通过提供可自主选择的空间和资源，教师可以激发学生的创造力和创新性，培养其自主思考和解决问题的能力。这种教学方法不仅能够促进学生的艺术创作能力的发展，还能够培养其综合运用知识和技能的能力，对学生学习具有重要的学术价值和实践意义。

2. 开展多元化的讨论和交流

启发式教学强调学生之间的合作与交流，这为学生提供了一个多元化的讨论和交流的平台。教师在课堂中可以采用多种形式的活动，如小组讨论、座谈会、学术研讨会等，来促进学生之间的互动与交流。

在小组讨论中，学生可以结合自己的创作实践和对艺术问题的思考，相互间展开深入的交流与讨论。通过分享创意想法，学生可以从他人的观点和经验中获得启发和反馈，拓宽自己的视野。此外，小组讨论还可以促进学生之间的合作与协作，培养他们的团队精神和沟通能力。座谈会是另一种促进多元化讨论和交流的形式。在座谈会上，学生可以就特定的艺术主题或问题展开自由的交流与辩论。教师可以担任主持人的角色，引导学生们分享自己的观点和看法，同时给予适当的指导和建议。通过座谈会，学生们可以学会倾听他人的意见，学会尊重他人观点，从而促进艺术思维的多样化和开放度。此外，学术研讨会也是一个促进学生交流和学习的重要平台。在研讨会上，学生可以就自己的研究成果或创作作品进行展示和讨论，与同学和老师分享自己的心得和体会。通过参与学术研讨会，学生不仅可以提升自己的表达能力和学术水平，还能够结识志同道合的同学，建立良好的学术交流与合作关系。

3. 鼓励跨学科和跨界合作

启发式教学不仅注重学科内部的知识和技能的培养，更注重鼓励学生跨越学科边界，开展跨学科和跨界的合作和研究项目。这种跨学科和跨界合作不仅可以为学生提供更广阔的视野，促进其更深入的思考，还可以激发他们的创造力和创新性，具有重要的学术价值和实践意义。

教师可以组织科学、技术等领域的合作项目，让学生从不同学科和领域获取新的知识和思维方式。例如，在艺术与科学的跨学科合作中，学生可以探讨自然规律和艺术表现之间的关系，通过将科学实验和艺术创作相结合，发现并探索自然之美；在艺术与技术的跨界合作中，学生可以利用现代科技手段，如计算机图形学、虚拟现实技术等，创作出更具创意和表现力的艺术作品，探索艺术与技术的融合之道。

总之，通过跨学科和跨界合作，学生可以拓宽自己的思维边界，突破学科壁垒，发现和解决复杂的问题。在合作过程中，学生需要与来自不同学科和领域的同学合作，进而学会倾听和尊重他人的意见，培养团队合作和协作能力。同时，学生也需要独立思考和创新，发挥自己的想象力和创造力，为合作项目的成功做出贡献。

二、激励性反馈

（一）及时给予积极的反馈和肯定

激励性反馈在教学实践中扮演着不可或缺的角色，它不仅是对学生作品的简单评价，更是对学生努力付出和创意的认可与鼓励。通过及时给予积极的反馈和肯定，教师能够有效地激发学生的学习热情和创造力，促进其全面发展。这种反馈不仅体现在表面上的称赞，更深层次地体现在对学生作品的理解与认同上。以下将对激励性反馈的重要性进行深入探讨，并结合相关实例加以分析。

首先，激励性反馈在于对学生作品的认可与肯定。教师应当通过对学生作品的细致观察和深入分析，找出作品中的亮点和创新之处，从而给予积极的评价和肯定。例如，当学生完成一幅绘画作品时，教师可以指出作品中色彩运用的巧妙之处，表现出了作者独特的艺术风格和个人情感。通过对作品的肯定，使学生感受到自己的努力付出得到了认可，从而增强其自信心和成就感，进而更有动力去探索和创造。

其次，激励性反馈应当是有针对性的。教师需要根据学生的实际情况和个性特点，给予具体而有针对性的反馈和建议。例如，对于不同水平的学生，教师可以采取不同的反馈方式，有的需要更多的肯定和鼓励，有的则需要更多的指导和建议。通过针对性的反馈，教师能够更好地引导学生，促进其艺术水平的提高和个性特点的发展。

最后，激励性反馈应当是持续性的。教师不能仅仅在学生完成作品时给予反馈，而应当将反馈融入整个教学过程中，与学生共同成长。例如，在课堂教学中，教师可以随时对学生的表现给予反馈和肯定，鼓励他们不断探索和创新。持续性的反馈会促使学生形成良好的学习习惯和积极的学习态度，从而在艺术创作中取得更好的成果。

（二）鼓励学生勇于尝试和表达

在激励性反馈中，除了对学生的成果进行肯定之外，教师还扮演着激励学生勇于尝试和表达的重要角色。这种鼓励不仅是为了让学生感受到自己的创意得到了认可，更是为了激发他们积极地投入创作中，从而实现个人的艺术成长和发展。

教师在鼓励学生勇于尝试和表达时，可以从以下几个方面展开：首先，教师可以鼓励学生挑战传统，勇于突破自我。传统的艺术表现方式往往已经深入人心，但正是在挑战传统、突破常规的过程中，才能够创造出更具创意和独特性的作品。因此，教师可以鼓励学生不断尝试新的艺术形式和表现方式，勇于表达自己的独特见解和观点。例如，可以组织学生进行艺术实验，尝试使用不同的材料和技术，从而开拓他们的艺术视野，激发其创造力和创新意识。其次，教师应该给予学生充分的支持和鼓励，让他们敢于冒险和尝试。在学生提出新颖创意或尝试新的艺术形式时，教师应该给予积极的反馈和肯定，让学生感受到自己的想法得到了认可和尊重。例如，可以在课堂上给予学生机会展示自己的作品，让同学们互相分享和交流，从而建立起良好的学习氛围，促进学生的成长和发展。最后，教师可以引导学生通过作品表达自己的情感和思想，在作品中倾注自己的感受和体验。艺术作品不仅是一种视觉的享受，更是一种情感的表达和传递。因此，教师可以鼓励学生在作品中表达自己的情感和情绪，倾诉内心的感受和体验，从而增强作品的表现力和感染力。例如，可以组织学生进行情感表达的绘画活动，让他们通过绘画的方式表达自己的内心世界，从而增强情感表达能力和艺术创作水平。

（三）培养学生的自信心和创造力

激励性反馈在培养学生的自信心和创造力的过程中扮演着至关重要的角色。通过积极的反馈和肯定，教师可以为学生创造一个支持和鼓励的环境，激发他们的内在潜能，培养其自信心和创造力。

第一，积极的反馈和肯定可以建立学生的自信心。当学生感受到自己的作品受到了认可和赞赏时，他们会对自己的能力和价值产生自信。这种自信不仅体现在他们的艺术作品中，更体现在他们的学习和生活中。他们会更加勇敢地表达自己的想法和观点，更加自信地面对挑战和困难。例如，当学生完成一幅作品并受到教师的肯定时，他们会感到自己的努力付出和创意得到了认可，从而增强自信心，更有动力去探索和尝试新的艺术表现方式。

第二，积极的反馈和肯定可以激发学生的创造力。当学生得到鼓励和支持时，他们会更加愿意尝试新的艺术形式和表现方式，勇于挑战传统，勇敢地突破自我。他们会在创作过程中不断探索和实验，不断挑战自己的想象力和创造力，从而创作出更具有独特性和创意性的作品。例如，当学生在课堂上提出一个大胆的创意时，教师应该给予充分的肯定和鼓励，让他们感受到自己的想法得到了认可和尊重，从而激发其更多的创造力和创新意识。

第三，积极的反馈和肯定可以促进学生的艺术成长和发展。当学生得到鼓励和支持时，他们会更加积极地投入创作中，不断提升自己的艺术水平和表现能力。他们会从反馈中吸取经验和教训，不断改进和完善自己的作品，从而实现个人的艺术成长和发展。例如，当学生在作品中得到一些建设性的反馈和意见时，他们会从中汲取启示，认真思考并改进自己的作品，从而提高艺术水平和表现能力。

三、创意思维训练

（一）美术课程中推广创意思维训练的必要性

1. 传统美术课程教学存在的不足

传统美术课程通常注重技巧和方法的传授，但缺乏对学生创意思维的系统培养，这可能导致学生只会模仿前人作品而缺乏创新精神。传统的灌输式教学方法可能会限制学生的想象力和创造力，使得他们难以在艺术创作中表现出独特性的创意。因此，有必要在美术课程中注重培养学生的创新思维，以弥补传统教学方法的不足，优化课程教学效果，满足学生的发展需求。

第一，传统美术课程教学偏重技法传授，忽视了学生创新思维的培养。教师在美术教育往往侧重于传统的绘画技巧和方法，在这种情况下，学生可能会过度依赖教师的指导，而缺乏自主思考和创意表达的能力。因此，传统美术课程教学应当调整教学方法，注重培养学生的创新思维，引导他们在艺术创作中发挥想象力和创造力。

第二，传统美术课程教学缺乏激发学生创意的有效途径。在传统美术课程中，学生往往被要求模仿前人的作品或按照教师的指示完成作品，缺乏自主性和创造性。这种教学方式可能会抑制学生的创新意识，使得他们难以表现出个性化和独创性。因此，教师应当探索多样化的教学方法，如启发式教学、项目式学习等，为学生提供更多的自主选择和表达空间，激发其创意思维和创造力。

第三，传统美术课程教学缺乏对学生创意思维的系统培养。在传统美术课程中，学生往往只是被动地接受知识和技能的传授，缺乏系统的创意思维训练。因此，教师应当设计更加开放和灵活的教学环境，为学生提供丰富多样的激发创意和表达的机会，培养其创新意识和创造能力。例如，可以组织学生参加创意工作坊、艺术展览等活动，引导他们积极参与艺术创作和交流，拓宽视野，激发创意灵感。

2. 符合社会发展需求和教育改革必然趋势

社会发展需求和教育改革必然趋势使得在美术课程教学中融入创意思维训练变得愈加重要。这一趋势反映了社会对于个体创造力和创新能力的日益重视，也呼应了教育改革的倡导，目标是将学生培养为具有创新意识和创造能力的未来人才。

第一，社会对创意和创新的需求日益增长，这促使美术课程教学必须融入创意思维训练。随着科技进步和经济全球化的发展，传统的机械化劳动逐渐被自动化和智能化取代，各行各业对于创意和创新的需求也逐渐凸显。现代社会对于具有创造力和创意能力的人才需求量增大，这要求教育体系要更加注重对学生创意思维的培养。而美术课程作为培养学生创新能力的重要组成部分，应当将创意思维训练融入其中，以满足社会对于创新人才的需求。

第二，教育改革的趋势推动了美术课程教学中融入创意思维训练。当前，全球范围内的教育改革普遍倡导从传统的知识灌输转向培养学生的综合素养和创新能力。教育改革强调培养学生的自主学习能力、批判性思维能力、解决问题能力等，而这些能力的培养离不开创意思维的训练。因此，美术课程教学应当与教育改革的方向和要求相一致，将创意思维训练纳入教学内容。

第三，融入创意思维训练对于学生发展创意能力具有重要意义。创意思维训练不仅可以激发学生的想象力和创造力，还可以培养他们的创新意识、问题解决能力和团队合作精神等。这些都是现代社会对于人才的基本要求，也是学生未来发展所必需的能力。通过创意思维训练，学生不仅可以在美术领域展现出自己的创造力，还可以在其他领域中出色表现，以未来的个人发展为社会进步作出贡献。

3. 学生个人素质提升需要

第一，学生个人素质提升的需求日益凸显。随着社会的不断发展和变化，人才需求也在不断变化。除了专业知识和技能外，社会对于个体的综合素质要求也越来越高。具有良好的创新能力、沟通能力、解决问题能力等素质成为社会对于人才的重要需求。因此，学生在学习过程中需要不断提升自己的综合素质，以适应社会的发展需求。

第二，创意思维训练对于学生个人素质提升具有重要意义。创意思维训练不仅可以激发学生的想象力和创造力，还可以培养他们的创新意识、批判性思维和解决问题能力等。这些素质是学生未来发展所必需的，也是其个人素质提升的重要组成部分。通过创意思维训练，学生可以培养自己的综合素质，提升自己的竞争力，更好地适应社会的发展需求。

第三，美术课程可以为学生的个人素质提升提供重要支持。美术课程训练是培养学生创意思维的重要途径之一，可以为学生提供独特的思维发展环境和实践平台。在美术课程中，教师可以通过引导学生进行创意思维训练，促使其从多个角度思考和解决问题，培养其创新意识和解决问题的能力。例如，教师可以组织学生参与各种创意活动，开展创意思维训练营，让学生在实践中体验创意思维的重要性，提升个人素质。

（二）创意思维训练在美术课程教学中的实施

1. 实现创意思维训练的常态化

第一，在教学设计上，教师应当将创意思维训练纳入课程教学的整体框架，并设定明确的教学目标和任务。教师可以通过课程大纲和教学计划，明确规划创意思维训练的内容、时间和方式，确保每个学习单元都包含创意思维的培养内容。此外，教师还可以设计多样化的教学活动和任务，如创意思维启发题、实践性作品设计等，以激发学生的创造力和想象力。

第二，在课堂实施方面，教师应当注重创意思维训练与课程内容的融合，注重培养学生的主动探究精神。教师可以采用启发式教学法、解决问题式教学法等，引导学生思考和探索艺术创作中的问题和挑战，促进其创意思维的发展。同时，教师还应当充分利用教学资源，如艺术展览、艺术家讲座等，为学生提供更广阔的艺术视野和创意灵感。

第三，在评价反馈方面，教师应当采用多样化的评价手段和方法，全面了解学生的创意思维水平和发展情况。除了传统的书面作业和考试外，教师还可以采用学生自评、同学互评、作品展示等方式进行评价，让学生在评价过程中反思自己的创意表达和思维方式，不断提升自身的创造力和创新能力。

2. 灵活应用多种教学模式，鼓励学生大胆创新

不同专业的学生对美术知识的需求和应用方式存在显著差异，因此，教师需要根据学生的专业特点和学习需求，灵活调整教学内容和方法，以激发学生的创造力和创新精神。

举例来说，对于室内设计专业的学生，他们在美术课堂上学习设计素描时，教师可以重点讲解透视原理，引导学生突破固定角度的绘画习惯。通过

理论讲解和实践演练相结合的方式，让学生深入理解透视原理和应用方法，从而提高他们在室内设计中的表现能力。

对于广告专业的学生，在设计素描课程中，教师可以将速写、黑白摄影、拼贴等多种媒介与之结合，打破传统的绘画方式。通过引入多样化的创作方式，丰富学生的艺术表现手段，提升他们的审美能力和创造力。如速写能够培养学生快速捕捉观察对象的能力，黑白摄影可以让学生在构图和光影处理上有更深的认识，拼贴则能够激发学生的想象力和创意思维。

教师还可以通过案例分析、实践操作、小组讨论等多种教学方法，激发学生的学习兴趣和参与热情，促进他们在美术课程中的创新思维。通过灵活应用多种教学模式，教师可以更好地满足不同学生的学习需求，培养他们的综合素质和创造能力，为其未来的专业发展打下坚实的基础。

3. 教师需要不断地提升自身的专业水平与能力

在美术课程教学中实施创意思维训练，教师的作用与价值不容小觑，教师是学生学习路上的引导者，教师的思想认识以及价值观念等，对于学生的发展有着较为深刻的影响。实际教学过程中，如果教师没有认识到创意思维训练的重要性，不能及时调整思维认识，转变教学态度和方法，那么创意思维训练也将会沦为空谈。基于这样的原因，笔者认为在美术课程中开展创意思维训练，首要的是教师自身应当不断地学习新知识，积极转换教学思维，掌握对应的教学方法。在具体教学中，教师应当做到教学相长，加强与其他专业教师的沟通和交流，了解他们对于创意思维训练的理解和认识，取长补短，学习更多优秀的成功经验，时刻关注最新的学术动态以及教育理念，不断扩大自身知识面，深入到学生群体之中，了解他们对于创意思维训练的理解和认识，并结合学生的能力水平、专业特点，做到因材施教。教师教学能力提高了，对于自身教学工作有了更加深刻的认识，那么必将会对学生产生积极正面的影响。

四、教学方法的应用

以雕塑专业为例，当前该专业的课程涵盖了理论、技法、创作和实践四大模块。对学生的培养目标不仅要具备扎实的理论基础，还要具备雕塑语言的表达能力以及创作实践能力。然而，目前存在着一些突出问题：首先，理论内容呈现单调乏味，缺乏学术前沿性，导致学生在学习过程中处于被动状态；其次，强调了雕塑的具象基础训练，但忽视了培养艺术表达能力；第三，实践环节与课题项目之间的衔接薄弱，无法解决实际问题或进行问题分析，更无法培养创新能力；最后，创作类课程虽以创作为主，但缺乏艺术思维理论的引导和对艺术作品的社会评价考核，缺乏竞争力。总之，传统的教学方法效果不佳，存在诸多问题。为了解决这些问题，需要整合教学资源，融合启发、探索和鼓励参与等方法，以激发学生自主学习和探索求知的欲望。开放、创新和探索的学习方式对于学生的创新能力和实践能力的培养至关重要。案例式、启发式、探究式和参与式教学方法的本质是将课堂主导权交给学生，改变传统的灌输式教学。在这种教学模式下，教学过程将以发现问题为线索，学习过程将成为解决问题的过程，课堂将交由学生主导，教师则扮演引导者的角色，激发学生思考，引导他们探究问题的答案。

（一）案例式教学方法

将案例式教学方法有机地融入课堂教学，需要教师在课堂设计中精心设置讲授和讨论环节。讲授部分的内容不能仅局限于教案中规定的内容，而应扩展至多样且富有前沿性的研究文献和展览展示，可以通过研读相关文献浏览国内外各大雕塑类网站等方式搜集和整理相关的实践案例材料。通过对这些材料的归纳和梳理，结合不同案例的讲解和分析，教师可以帮助学生理清艺术思维的脉络。案例式教学的核心思想是以案例为点，理论为面，通过具体案例的展示来深化学生对理论知识的理解和应用。

在讨论环节，教师需要将讨论从一维扩展到多维，通过提问和引导的方式，活跃课堂氛围，激发学生的学习积极性。通过讨论，学生不仅能够理解案例背后的理论知识，还可以从多个角度思考和分析案例中的问题，培养自身的批判性思维和解决问题的能力。特别是在雕塑专业的实践教学课程中，案例式教学的开展更有利于学生掌握课程的知识，拓展他们获取知识的思路，并培养他们的实践能力。

总之，教师应当引导学生在实践教学中积极获取实践经验和成果，帮助他们掌握正确的学习方法，培养他们独立思考、分析和创新的能力。通过案例式教学，学生可以更深入地理解理论知识，并将其运用到实际的实践中去。这样的教学方式不仅有助于提高学生的学习兴趣和参与度，还能够有效地促进其专业素养的提升。

（二）启发式教学方法

在艺术创作课程的教学中，首要任务是引导学生完成信息收集，让他们从主题展览、作品解读以及学术论文阅读中了解雕塑创作的内涵设定。学生需要了解创作的意义及概念，因为雕塑创作是以作品为媒介向观者传递的艺术家所阐述的观念。

其次，学生需要根据作品的创意选择雕塑形式或雕塑材料语言的表现，以实现材料、空间、观念的综合体现。在分析探讨的过程中，教师需要给予身临其境、敲击心灵的感受，从而激发学生的创作欲望。

通过走进艺术展览，深入研究艺术家创作的作品，分析雕塑创作中的问题，学生能够获得感悟和体会，实现多维度的思考，激发出创作的欲望。解读艺术作品、当代艺术发展及艺术研究，能够给予学生启发和大胆探索、尝试的动力。

在教学实践中，教师需要结合具体的案例，引导学生深入思考和探索，培养他们独立思考、创新思维和批判性思维能力。启发式教学方法使学生不仅能够深入理解艺术创作的内涵和意义，还能够在实践中不断提升自己的创作水平和艺术表达能力。

（三）探究式教学方法

探究式教学方法是一种引导学生自主探索和共同讨论的教学方式，旨在培养学生的发散性思维和创新意识。在这种教学模式下，教师的角色不再是课堂的全面掌控者，而是学习促进者，引导学生在学习过程中自主探索、分组分工地构建知识体系。探究式教学方法注重学生的自主性和参与性，通过讨论、实践、比赛等方式，激发学生的学习兴趣和动力，提升其实践能力和创新意识。

在实施探究式教学方法时，教师应当充分利用丰富多样的教学形式和资源，确保课堂的多元化和多方向发展。通过分组分工的方式，学生可以自主对已掌握的知识进行建构，形成独特的认知体系。同时，结合比赛等方式促进教学，给予学生更多实践机会，并拓宽考评广度，增强学生的实践能力。

尤其是在实践类课程中，探究式教学模式的有效性较为突出，通过对课题的讨论和研究，学生能够培养独立思考和协作能力。

在探究式教学方法中，讨论是培养学生发散性思维的重要一环。教师需要引导学生进行深入思考和探索，梳理知识结构框架，并通过资料收集、讨论、头脑风暴等方式，促进学生的创新意识和团队协作意识的培养。通过讨论创作观念方向，激发学生的灵感，培养其创新意识，从而提高课题研究的效率和质量。

此外，比赛或参展也是一种有效的教学方式，特别适用于雕塑创作类课程。教师可以比照艺术作品比赛或展览来设计课程，鼓励学生以竞赛的形式完成作品创作，从而激发学生的创作积极性和主动性。比赛不仅可以考验学生的知识掌握程度，还可以锻炼其创作能力和实践能力，提高学生对课程的学习兴趣和参与度，从而获得创作类课程学习的真实评价。

（四）参与式教学方法

雕塑艺术作为一门综合性极强的专业，其涉及的领域众多，形式多元。然而，雕塑基础课程的单元教学时数有限，这就为教学带来了挑战：如何在有限的时间内既能完成雕塑的写实造型基础课程的教学，又能促进学生艺术创作的多元发展。这也是教学设计中一个迫切需要解决的问题。传统的写实造型基础课程虽然重要，但面对多元化的艺术创作环境还远远无法满足需求。因此，教学需要与时代发展步调统一，不断创新教学方法，以适应当代艺术的发展趋势。

探究式教学方法鼓励学生积极参与课堂的教学活动，从而使课堂教学更加灵活多样；参与式教学方法则除了传统的教学内容外，还要求加强高校与用人单位之间的有效合作。利用用人单位提供的便利条件，使学生参与到用人单位的产品研发制作环节中，可以更好地提升其实践能力。此外，涉及前沿科学技术或运用新型材料的实践创作也是重要的一环，可以帮助学生跟上时代的步伐，掌握最新的艺术观念和表现手段。

在雕塑教学改革中，除了从案例讲解、思维启发、实践探究、参与创新等方向进行剖析外，还需要改变教学中出现的滞后的模式，完善课程体系的衔接，推动教学方法的改革。教学应该更加注重课题的实践研究，促进学生在不断地追问、思考、研究、创新中培养出艺术创作的生命力。雕塑艺术教育应当不断提升课程的教育理念,多样的教学方法和方式能够保持教学的先进性和灵活性。

在当代艺术语境中,雕塑艺术教育需要不断适应多种媒介和多样的形式的发展趋势。

从就业角度和思政角度来看,各种教学方法都为学生提供了更多了解社会需求、挑战困难和研究探索的机会,引导学生在不同的体验学习过程中发挥主观能动性,从而更好地适应社会的发展和变化。

第二节 提升学生审美能力与艺术表现力的教学技巧

一、美学教育

(一)美学基础知识普及

1. 美学概念阐释

从广义上讲,美学旨在探讨和解释美的本质、美的产生和感知过程以及艺术作品的规律和意义。在美术教学中,美学扮演着重要的角色,向学生传授美学的基本概念,旨在帮助他们建立起对美的理解和感知能力。

第一,美学涉及对美的概念的阐释。美学探讨了美的本质和特征,试图解答"什么是美"的问题。美学理论家对美的概念进行了多方面的探讨和解释,从客观性到主观性,从自然美到艺术美,从形式美到内在美,形成了涵盖丰富的美学理论体系。在美术教学中,通过向学生介绍不同学者对美的理解和定义,可以启发他们对美的多维度思考,拓展对美的认识。

第二,美学涉及审美感受的研究。审美感受是个体对美的认知和体验过程,是主观的情感体验和心理活动。美学试图探究人们产生审美情感的原因和规律,以及不同个体对于美的感知和评价的差异。在美术教学中,通过引导学生观察、思考、感受艺术作品,培养其审美能力和审美情趣,使其能够更加深入地理解和欣赏艺术之美。

第三，美学涉及艺术规律的研究。艺术作品是艺术家创作和表现的产物，其背后蕴含着丰富的艺术规律和表现方式。美学试图揭示艺术作品的内在规律和意义，探讨艺术创作的方法和技巧，以及艺术作品对于观者的影响和作用。在美术教学中，通过对艺术作品的分析和解读，学生可以了解不同艺术形式和风格的特点，培养对艺术作品的理解和鉴赏能力，同时激发艺术创作的灵感和创造力。

2. 审美标准介绍

在美术教学中，教师可以通过系统的美学教育，向学生介绍不同审美标准的内涵和应用场景，帮助他们建立起对艺术作品的客观评价能力。

第一，形式美。形式美主要关注艺术作品在形式上的表现，包括构图、色彩、线条、形状等方面的表现。艺术作品的形式美通常体现在其视觉效果上，如画面的和谐统一、色彩的明暗对比、线条的流畅和节奏感等。学生可以通过学习形式美的标准，提高对艺术作品形式特征的识别和理解能力，从而更好地欣赏和评价艺术作品的视觉效果。

第二，内容美。内容美关注艺术作品所表达的主题、意义和情感内涵。艺术作品的内容美通常体现在其主题的深刻性、意义的丰富性以及情感的真挚性方面。通过学习内容美的标准，学生可以理解和感受艺术作品所传达的思想和情感，从而更加全面地理解和评价艺术作品的内涵和意义。

第三，情感美。艺术作品的情感美体现在其能够引起观者情感共鸣和情感体验，如悲、喜、怒、乐等情感。学生通过学习情感美的标准，可以培养对艺术作品的情感体验和情感表达能力，从而更好地理解和感受艺术作品所传达的情感和情绪。

3. 艺术风格解析

艺术风格是指艺术作品在形式和内容上所表现出来的独特特点和风格特征，反映了不同艺术流派或时期的艺术观念、审美取向和表现方式。教师可以通过系统的美学教育向学生介绍各种艺术风格的历史渊源、特点和代表作品，让他们了解不同风格对于艺术表达的影响，拓展其对艺术多样性的认识。

第一，艺术风格反映了不同历史时期和文化背景下的艺术特征和风貌。

在历史的长河中，不同的时代和文化背景孕育了不同的艺术风格，如古希腊的古典主义、文艺复兴时期的文艺复兴风格、奢华壮丽的巴洛克艺术、表现自然主义的印象派等。每一种艺术风格都有其独特的历史渊源和文化内涵，反映了当时社会政治和思想观念等方面的特点。

第二，艺术风格体现了艺术家个人的创作特点和风格倾向。在艺术创作过程中，艺术家往往会受到个人经历、观念和审美取向的影响，形成独特的艺术风格。例如，凡·高的后印象主义风格以浓烈的色彩和夸张的线条表现出内心情感的激荡；毕加索的立体主义风格则通过几何化的形式和多角度的构图表现出对立体空间的探索和重新构想。不同艺术家的个人风格在其作品中展现出独特的艺术个性和创作追求。

第三，艺术风格也反映了社会文化的变迁和发展。随着社会文化的不断变迁和发展，艺术风格也在不断改变。例如，现代主义艺术风格的兴起与工业化、城市化进程的推进以及现代科技的发展密切相关，表现了对传统艺术观念的挑战和革新；而当代艺术则更加关注个体经验、身份认同以及全球化语境下的文化交流与碰撞，呈现出多元化和跨文化的艺术表达形式。

（二）艺术作品分析与鉴赏

1. 形式分析指导

在艺术作品的形式分析中，教师扮演着重要的角色，他们不仅要引导学生分析作品的构图、线条、色彩和形态等方面的特点，还需要深入挖掘这些形式特征背后的艺术内涵和表现意义。形式分析旨在帮助学生全面把握作品的艺术语言和审美特征，从而深入理解作品的美学意义和表现手法。

第一，构图是艺术作品中至关重要的组成要素之一。教师可以引导学生分析作品的构图结构，包括平衡、比例、节奏、对比等方面的特点。通过对构图的分析，学生可以了解作品整体的组织方式，以及如何把握画面的稳定感和动态感，从而深入理解艺术家对空间结构和视觉效果的处理。

第二，线条和色彩是艺术作品中常用的表现手段之一。教师可以指导学生分析作品中线条的运用方式，包括线条的粗细、曲直、纹理等特点，以及色彩的运用方式，包括色调、明暗、对比等方面的特点。通过对线条和色彩的分析，学生可以领悟艺术家对线条和色彩的运用技巧，把握作品的表现力和感染力，从而深入理解作品所表达的情感和思想。

第三，形态是艺术作品中的另一个重要方面。教师可以引导学生分析作品中形态的特点，包括物象的表现、形式的变化和构图的结构等方面。通过对形态的分析，学生可以更好地理解作品所呈现的形象和结构，以及艺术家对于形态和结构的把握和塑造，从而深入理解作品所蕴含的艺术意义和审美价值。

2. 主题与内容剖析

主题和内容是艺术作品所要表达的核心，是观者深入理解作品所需关注的重要方面。通过对主题和内容的剖析，学生可以更深入地理解作品所传达的意义和情感，以及其所反映的文化和历史内涵。

第一，主题是艺术作品所要表达的核心思想或情感。教师可以引导学生从作品中抽丝剥茧，理解其所要探讨的主题或意义。这需要学生通过对作品中人物、场景、符号等元素的观察和分析，逐步揭示出作品所蕴含的主题内涵。例如，通过对作品中人物形象和情节的分析，学生可以理解作品所要表达的人性、社会或历史主题，从而深入探讨作品背后的思想和情感。

第二，内容是艺术作品所呈现的具体形式和情节。教师可以引导学生从作品的细节和情节入手，逐步分析其所包含的内容和意义。这需要学生通过对作品中细节和情节的观察和解读，理解作品所要表达的故事情节、形象特征或象征意义。例如，通过对作品中色彩、构图和符号的分析，学生可以理解作品所要表达的情感、主题或象征意义，从而深入挖掘作品背后的文化和历史内涵。

第三，主题与内容的剖析需要学生在教师的指导下，结合自身的感悟和理解，深入分析作品中的细节和意义，从而形成对作品的深刻理解和领悟。通过主题与内容的剖析，学生可以培养批判性思维和文化素养，提升对艺术作品的审美水平和鉴赏能力，进而增加对文化遗产的理解和尊重，拓宽自身的艺术视野。

3. 情感与意义感知

艺术作品所蕴含的情感和意义不仅是作者的情感表达，更是观者与作品之间产生共鸣和沟通的桥梁。教师在引导学生对作品进行鉴赏时，应重点关注情感与意义的感知，帮助他们深入理解作品所传达的情感和思想内涵，激发其对作品的情感共鸣和深刻思考。

第一，情感是艺术作品所蕴含的核心元素之一。教师可以引导学生从作品所传达的情感角度去感知和理解作品。情感可以是喜怒哀乐，也可以是对人生、社会和历史的思考和反思。通过对作品中情感的解读和体验，学生可以更加深刻地理解作品所要表达的情感主题，从而产生情感共鸣。

第二，意义感知是对作品深层次含义的感知和理解。教师可以引导学生从作品所呈现的意象、符号和隐喻等方面去感知和理解作品的意义。意义感知不仅是对作品表面意义的理解，更是对作品深层次思想和文化内涵的挖掘。通过对作品意义的感知和理解，学生可以拓展自己的思维，加深对人生、社会和历史的认识，从而丰富自己的人生阅历和情感体验。

第三，情感与意义感知是观者与作品之间产生共鸣和进行沟通的关键。教师可以引导学生通过情感与意义的感知，深入理解和体验作品，从而建立起与作品之间的情感联系和共鸣。通过情感与意义的感知，学生不仅可以加深对作品的理解和欣赏，还可以丰富自己的情感体验，增进与作品之间的情感交流和共鸣，提升对艺术作品的鉴赏水平和审美素养。

（三）艺术史和文化教育

1. 艺术史概览

艺术史作为人类文明发展历程的重要组成部分，承载着丰富的艺术创造与文化传承。通过对艺术史的学习，学生可以深入了解不同时期、不同地区的艺术风格、流派以及作品背后的历史背景和文化内涵，从而拓宽视野，加深对艺术发展脉络的理解，提升自身的艺术鉴赏能力和文化素养。首先，艺术史是人类文明发展的镜鉴。从史前艺术到当代艺术，艺术史记录了人类文明的演变过程，反映了不同历史时期的社会、政治、宗教、文化等多方面的变迁和发展。通过学习艺术史，学生可以了解不同历史时期的艺术风貌和文化特征，从而深入理解人类文明的丰富多彩。其次，艺术史是艺术发展的脉络图。从古代文明的绘画、雕塑到中世纪的建筑、文艺复兴的艺术革新，再到现代和当代的各种艺术流派和潮流，艺术史承载了艺术发展的丰富历程。通过学习艺术史，学生可以了解不同时期的艺术创作特点、风格流派和代表人物，从而把握艺术发展的脉络和演变规律，增强对艺术的认知和理解。再次，艺术史是艺术传承的重要纽带。艺术史中的经典作品和代表艺术家是艺术传统的重要组成部分，对后世艺术家的创作产生了深远的影响。通过学习艺术史，学生可以了解到各个时期的艺术大师及其代表作品，从而汲取前人的智慧和经验，拓宽自己的艺术视野，为今后的艺术创作奠定坚实的基础。

2. 文化传承与创新

艺术与文化的密切关系是人类文明发展的重要组成部分，艺术作品不仅是文化的产物，也是文化传承和创新的载体。通过学习艺术史，学生可以深入了解不同文化背景下艺术作品的形成过程、特点和意义，从而增强对文化传承与创新的认知和理解。首先，艺术作品是文化传承的重要载体。在人类历史长河中，艺术作品承载了丰富的文化内涵和时代精神，反映了不同时代、不同文化背景下人们的思想、情感和价值观。通过学习艺术史，学生可以了解到不同文化背景下艺术作品的特点和风格，深入理解各种文化之间的联系和差异，从而加深对文化传承的认识和理解。其次，艺术作品是文化创新的重要表现形式。随着社会的发展和文化的变迁，艺术作品不断受到新思潮、新技术、新观念等因素的影响，呈现出多样化和多元化的发展趋势。通过学习艺术史，学生可以了解到不同历史时期、不同地域文化中的艺术创新和变革，深入探讨艺术创作背后的思想、理念和情感，从而加深对文化创新的认识和理解。

3. 大师与代表作品学习

通过学习艺术史，学生可以了解艺术史上的众多艺术大师及其代表作品，如达·芬奇的《蒙娜丽莎》（图 4-1）、凡·高的《星夜》（图 4-2）等。教师可以引导学生深入了解这些经典作品的创作背景、艺术风格和表现技巧，激发学生对艺术的兴趣和热情，同时启发其在自己的创作中借鉴大师的创作理念和技巧，提升艺术表现力和创作能力。

创意美术教育的理论与实践

图 4-1 蒙娜丽莎 [意大利] 达·芬奇

图 4-2 星夜 [荷兰] 凡·高

二、艺术实践指导

（一）个性化指导方案的制定

1. 学生实际水平和兴趣特点分析

在制定个性化的艺术实践指导方案之前，教师首先需要对学生的实际水平和兴趣特点进行全面分析。这包括对学生过往作品的评价情况、艺术技能的掌握程度、创作风格的特点以及个人兴趣爱好等方面的了解。通过深入分析，教师可以为每位学生量身定制适合其发展需求的指导方案。

2. 学生学习目标和需求明确化

在了解学生的实际情况后，教师与学生进行沟通，共同明确学习目标和需求。学生可能有不同的学习目标，有些可能希望提升绘画技巧，有些可能更关注艺术创作的表达能力，还有些可能希望探索新的艺术形式和媒介。根据学生的需求，教师可以有针对性地设计实践指导方案，确保其符合学生个性化的学习需求。

3. 学习计划和技巧指导的制定

基于学生的实际情况和学习需求，教师可以制定具体的学习计划和技巧指导方案。这包括确定学习的时间安排、学习内容的选择、学习方法和技巧的指导等。在技巧指导方面，教师可以根据学生的不同需求，有针对性地进行绘画、雕塑、摄影等方面的技巧培训，帮助学生提升艺术表现能力。

（二）多样化的艺术表现技巧训练

1. 绘画技巧训练

在绘画技巧训练中，教师的引导和指导起着至关重要的作用。首先，教师可以通过系统化教学，帮助学生掌握绘画的基本技巧。这包括线条、色彩的运用，明暗关系的表现方法以及透视原理的理解与运用等。线条作为绘画的基础元素，对于表现物体的形态和结构具有重要的作用。教师可以指导学生掌握线条的运用技巧，如线条的粗细、长短、方向等，以及线条的运用方式，如轻重缓急、连续断续等，使线条在绘画中表现出不同的形态。其次，色彩是绘画中至关重要的元素之一。对色彩的理解和运用可以使绘画作品更加生动和富有表现力。教师可以向学生介绍色彩的基本原理，如色调、明度、饱和度等，以及色彩的搭配和运用技巧，如冷暖对比、纯度对比等，从而帮助他们在绘画中更好地表现出形象的色彩特征和情感氛围。此外，明暗关系的表现也是绘画中不可或缺的一部分。通过对明暗关系的把握，可以使绘画作品更具立体感和层次感。教师可以引导学生掌握明暗关系的表现方法，如明暗过渡、明暗对比、光影效果的处理等，从而使作品更具有立体感。最后，透视原理的运用是绘画的重要技巧之一，它可以帮助学生更准确地表现出物体的空间关系和透视效果。教师可以向学生介绍透视的基本原理，如单点透视、两点透视、三点透视等，以及透视的应用技巧，如透视线的运用、远近关系的处理等，从而使他们在绘画中更好地表现出物体的空间感和透视效果。

2. 雕塑技巧训练

在雕塑技巧训练中，教师的指导和引导至关重要。首先，教师可以指导学生掌握雕塑的基本工具和技巧。这包括对于造型的把握、结构的构建以及比例的掌握等方面。雕塑作为一种立体的艺术形式，对空间的把握和形象的表现具有较高的要求。因此，教师可以引导学生通过对造型的理解和把握，从而在雕塑作品中表现出清晰、准确的形象。同时，结构的构建是雕塑作品的基础，教师可以教授学生如何通过对结构的构建，使得作品更具稳固性和美感。此外，比例的掌握也是雕塑技巧训练中的重要一环，教师可以通过示范和指导，帮助学生掌握正确的比例关系，从而使得作品更加真实和生动。

其次，通过创作雕塑作品，学生可以锻炼自己对于空间的想象力，学会如何在三维空间中表现出自己的想法和情感。同时，雕塑作品的创作过程也需要一定的手工技能，如雕刻、拼接、塑造等，这些技能的掌握需要学生通过不断地实践和训练来逐步提升。

3. 摄影技巧训练

在摄影技巧训练中，教师的引导和指导起着重要的作用。首先，教师可以引导学生掌握摄影的基本原理和技巧。这包括了对于光影的理解和运用，构图的设计和布局，以及景深的掌握和利用等方面。光影是摄影作品中至关重要的元素之一，教师可以教授学生如何通过合理的光线利用和光影处理，使得作品更富有层次感和艺术感。构图是摄影创作的基础，教师可以引导学生学习如何通过构图设计，使得画面更具吸引力和表现力。此外，景深的掌握也是摄影技巧训练中的关键一环，教师可以通过实例和案例，帮助学生理解景深对于画面效果的影响，从而更好地运用景深来表现自己的创意和情感。其次，通过实践拍摄不同题材的照片，可以提升学生的摄影表现能力和创作水平。摄影实践是学生掌握摄影技巧和提升摄影水平的重要途径之一。教师可以引导学生选择不同的拍摄主题和题材，如人物、风景、静物等，通过拍摄实践，锻炼学生的摄影技能和创作能力。在实践过程中，教师可以及时给予学生指导和建议，帮助他们发现问题、解决困难，从而不断提升摄影水平和表现能力。

（三）实践与反思相结合

1. 强调实践的重要性

艺术创作是一项需要长期积累和不断尝试的过程，而实践则是学生获取经验、提升技能、发现问题和解决问题的主要途径之一。通过实践，学生能够将理论知识转化为实际能力，并在实践中逐步完善和提升自己的艺术表现能力。首先，实践是学生积累经验的重要途径。在实际的艺术创作过程中，学生将会面临各种各样的挑战和困难，只有通过实践，他们才能够积累丰富的经验，并逐步掌握解决问题的方法和技巧。这种经验的积累不仅能够帮助学生更加深入地理解艺术创作的本质和规律，还能够提升他们的创作水平和表现能力。其次，实践是学生提升技能的有效途径。艺术创作需要一定的技能和技巧作为支撑，而这些技能和技巧往往需要通过实践不断地进行训练和提升。通过艺术创作实践，学生可以更加熟练地掌握绘画、雕塑、摄影等各种艺术表现方式的基本技巧，从而提升自己的艺术表现能力和创作水平。此外，实践也是学生发现问题和解决问题的关键。在艺术创作过程中，只有通过实践，他们才能够及时发现问题，并寻找解决问题的方法。通过不断地尝试，学生可以积累解决问题的经验，提升自己解决问题的能力和创新能力。

2. 反思的指导和引导

在艺术实践中，反思是一个至关重要的环节，而教师在这方面起着重要的指导和引导的作用。通过反思，学生能够对自己的作品进行客观而深入地评价，发现其中的优点和不足，并从中吸取经验教训，进而不断提高自己的艺术表现能力和创作水平。

第一，教师应该引导学生建立正确的反思意识。学生在进行艺术实践之前，应该意识到反思的重要性，并明确反思的目的和意义。他们应该学会自觉地对自己的作品进行客观分析和评价，而不是盲目自满或自我贬低，从而能够更好地发现问题并寻找改进的方法。

创意美术教育的理论与实践

第二，教师可以通过示范和示例来指导学生进行有效的反思。教师可以选取一些经典的艺术作品，与学生一起进行深入分析和讨论，让学生了解艺术作品背后的创作过程和思考过程，从中学习到反思的方法和技巧。同时，教师还可以通过展示学生的作品，并对其进行评价和指导，引导学生思考作品中存在的问题，并提出改进的建议。

第三，教师还应该注重培养学生的批判性思维和创造性思维。在进行反思时，学生不仅应该关注作品中存在的问题，更应该思考问题的根源和解决方法，提出具有建设性的意见和建议。同时，他们还应该学会从不同的角度和视角来审视作品，发现其中的新意和可能性，从而不断改变自己的创作思路和表现方式。

第四，教师应该鼓励学生将反思融入实践过程。反思不应该仅是对已经完成的作品进行评价，更应该贯穿过程始终。在进行艺术实践的同时，学生应该不断地进行反思和调整，及时发现和解决问题，从而逐渐提高自己的艺术表现能力和创作水平。

3. 实践与反思的结合

当学生在实践过程中遇到问题时，及时进行反思，并结合实践进行调整，能够帮助他们更加全面地理解和应用所学知识，从而不断提升自己的艺术水平。首先，实践与反思的结合能够帮助学生深入理解艺术表现技巧和方法。通过实践，学生将所学的理论知识应用到实际创作中，从而加深对技巧和方法的理解。而通过反思，学生能够审视自己的作品，发现其中存在的问题和不足之处，并思考如何改进和提升，从而进一步提高自己的艺术表现能力。其次，实践与反思的结合能够帮助学生积累经验和提高解决问题的能力。在实践过程中，学生会面临各种各样的挑战和困难，通过反思分析问题的原因，找到解决问题的方法，不断积累经验和提高解决问题的能力。这样一来，学生在未来的艺术实践中就能够更加游刃有余地应对各种挑战。此外，实践与反思的结合还能够帮助学生培养批判性思维和创造性思维。

第三节 运用多媒体与互动性工具促进创意美术教学的创新

一、数字艺术

（一）计算机绘图技术的运用

1. 计算机绘图技术的基本原理

计算机绘图技术的基本原理在于利用计算机对图形数据进行处理和显示，从而实现图像的生成和编辑。其核心在于对图形数据的处理。一般来说，计算机绘图技术采用的是矢量图和位图两种基本表示方式。

矢量图是通过数学公式描述图形的几何特征的一种表示方式。在矢量图中，图形由一系列的数学对象（如点、直线、曲线等）及其属性（如颜色、线型等）来表示。这种表示方式的优点是可以无限放大而不失真，因为图形的绘制是通过数学对象的描述而非像素点的集合，适合于绘制线条和简单图形。矢量图在绘制和编辑时具有较好的灵活性和精度。

与之相对的是位图，它是由像素组成的栅格图像。在位图中，每个像素都有自己的颜色值，通过像素的排列组合来描述图形。位图适合于处理真实场景的图像，如照片、绘画等，因为它可以更真实地表现图像的细节和色彩。但是，位图的缺点是放大时会失真，因为图像是由像素点组成的，放大后会出现马赛克效应。

计算机绘图技术通过对矢量图和位图进行处理，包括图形的生成、变换、渲染和输出等步骤，最终将图形显示在计算机屏幕上或输出到打印设备上。在这个过程中，计算机利用算法对图形进行各种操作，如平移、旋转、缩放等，以满足用户的需求。同时，计算机绘图技术还涉及颜色管理、图像压缩、图像识别等方面，可以提高图形处理的效率和质量。

2. 计算机绘图技术在创意美术教学中的应用

在创意美术教学中，计算机绘图技术被广泛运用并发挥着重要作用。首先，计算机绘图技术为学生提供了丰富多样的绘图工具和功能，极大地丰富了他们的想象力。通过计算机绘图软件，学生可以轻松地选择各种绘图技巧，并运用颜色、线条和形状，创作出富有个性和表现力的艺术作品。其次，计算机绘图软件的图层功能为学生的创作提供了更多可能性。学生可以将不同元素分别绘制在不同的图层上，轻松实现对作品的分层处理和编辑。这使得他们能够更加灵活地调整作品的结构和布局，实现绘画作品的多样化和丰富性。此外，把计算机绘图技术与传统绘画技法相结合，能够创造出更加丰富多样的艺术作品。学生可以在计算机绘图软件中运用传统的绘画工具，如画笔、颜料等进行创作，然后再利用软件的特效功能对作品进行后期处理，赋予作品更多的艺术表现力和个性特征。

（二）数字影像处理技术的运用

1. 数字影像处理技术的应用

数字影像处理技术在数字艺术领域扮演着重要的角色，为学生提供了更多的创作可能性。通过数字影像处理软件，学生可以对照片、图像等进行各种编辑、修饰和合成，从而创造出具有独特创意和表现力的作品。首先，学生可以利用数字影像处理软件进行色彩调整，通过调整图像的色彩和色调来增强图像的表现力和艺术感。例如，可以增加图像的对比度和饱和度，改变图像的色调和色彩分布，使得图像更加生动和引人注目。其次，学生还可以运用滤镜处理和特效添加功能，为图像增添独特的艺术效果。通过选择合适的滤镜和特效，可以为图像增加光影效果、模糊效果、风格化效果等，从而使得图像更加丰富多彩，表现力更强。此外，数字影像处理技术还可以让学生进行图像的剪裁、拼贴和重组，创造出全新的艺术作品。学生可以通过选择和剪裁不同的图像元素，并将它们组合在一起，创造出具有想象力和创意性的图像作品。例如，可以将多张照片进行合成，创造出具有戏剧性和趣味性的图像场景，展现丰富的想象力。综上所述，数字影像处理技术为学生提供了丰富多样的创作途径，不仅可以让他们更加直观地感受到艺术的魅力，还可以培养他们的审美意识和艺术修养。

2. 数字影像处理技术的创作流程

数字影像处理技术的创作流程包括图像选择、编辑修饰和输出三个主要步骤。首先，需要选择合适的图像作为创作素材。可以从网络、相册或自己拍摄的照片中选取合适的图像，作为后续创作的基础。在选择图像时，需要考虑到作品的主题、风格和表现方式，以确保选取的图像符合创作要求。其次，需要运用数字影像处理软件对选取的图像进行编辑和修饰。可以通过调整色彩、亮度、对比度等参数来改善图像的质量和表现效果，添加滤镜和特效来增强图像的艺术感和表现力，然后进行剪裁、合成和重组来改变图像的结构和内容。在编辑修饰过程中，需要不断尝试，以找到最合适的效果和表现方式。最后，需要将编辑修饰后的图像输出为最终的作品。可以选择将作品输出为数字文件，以便在网络平台或社交媒体上分享和展示，也可以选择将作品输出为印刷格式，以便用于展览和比赛。在输出作品时，需要注意输出文件的格式、分辨率和色彩模式，以确保作品能够在不同的媒介和平台上得到最佳的展示效果。

二、虚拟现实

（一）计算机绘图技术的应用

1. 软件工具的使用

（1）绘图软件功能概述

计算机绘图软件是数字艺术创作中的重要工具，其功能之丰富多样为学生提供了广阔的创作空间和无限的想象空间。这些软件通常提供了各种绘图工具，如画笔、橡皮擦、填充工具等，以及各种形状的绘制工具，如直线、圆形、多边形等。画笔工具可以模拟不同类型的画笔，如铅笔、毛刷、油画笔等，使得学生能够根据自己的绘画风格和需求选择合适的绘图方式。橡皮擦工具则用于擦除绘图中的错误或不需要的部分，保持作品的整洁和完整。填充工具可以用来填充闭合区域的颜色，快速实现大面积的涂色，提高绘画效率。而各种形状的绘制工具则可以快速绘制出各种基本图形，如直线、圆形、多边形等，为复杂图形的绘制奠定基础。

除了基本的绘图工具外，计算机绘图软件还提供了丰富的编辑和调整功能，如图层管理、颜色调整、变换等。图层管理功能可以将绘制的图形分为多个图层，每个图层可以单独编辑和调整，有助于对作品进行分层处理，实现更加复杂和丰富的效果。颜色调整功能则可以帮助学生对绘制的图像进行颜色的调整和修正，使得作品的色彩更加鲜明和生动。变换功能则可以对绘制的图形进行平移、旋转、缩放等变换操作，从而实现图形的形态变化和布局调整，为作品增添更多的动态和变化。

（2）图层功能的运用

图层功能是计算机绘图软件的一项重要特性，对于学生的创作具有极大的帮助。通过图层功能，可以将绘画作品分为多个层次，每个层次可以独立编辑和调整，从而使得整个绘画过程更加灵活多变。首先，图层功能允许将绘制的不同元素分别放置在不同的图层上，比如背景、人物、道具等，这样可以使得每个元素的编辑和调整更加方便和精确。例如，可以在一个图层上绘制背景，另一个图层上绘制人物，再在另一个图层上绘制道具，然后分别对每个图层进行编辑和调整，以达到最佳的效果。其次，图层功能还允许对图层进行多种操作，如隐藏、锁定、合并等。可以根据需要随时隐藏或显示某个图层，以便更好地查看和编辑其他图层。同时，还可以锁定某个图层，防止误操作，保护已经完成的部分。此外，还可以将多个图层合并为一个，以简化图层结构和减小文件。最后，图层功能还可以实现图层的透明度和混合模式调整，进一步丰富了绘画作品的表现手法和效果。通过调整图层的透明度和混合模式，可以呈现更加复杂和有趣的效果，如叠加、透明、混合等，从而提升作品的艺术表现力和观赏性。

2．与传统绘画技法的结合

（1）数字化绘图与传统绘画的融合

数字化绘图技术与传统绘画技法的融合展示了艺术创作的多样性和丰富性。这种融合并非简单地将传统绘画转移到数字平台上，而是在数字化绘图的基础上结合传统绘画的特点和技法，创造出更加丰富多样的艺术作品。学生可以在计算机绘图软件中利用传统的绘画工具，如铅笔、水彩笔等进行绘制。这些工具的模拟效果使得学生能够在数字平台上体验到传统绘画的乐趣，同时也能够充分发挥他们的创造力。与此同时，计算机绘图软件提供的丰富特效功能为学生提供了更广阔的想象空间和更多的创作可能性。学生可以利用软件的特效功能对绘制的作品进行后期处理，如添加纹理、调整色彩、增加光影效果等，从而使得作品更加丰富和生动。通过数字化绘图与传统绘画的融合，学生不仅能够体验到传统绘画的乐趣和技巧，还能利用数字平台提供的丰富功能创造出更加具有个性和表现力的艺术作品。这种融合不仅拓展了学生的艺术表现形式，也促进了传统绘画技法与数字技术的交流与发展，推动了艺术教育的创新与进步。因此，数字化绘图与传统绘画的融合不仅丰富了艺术创作的形式和内容，也为学生提供了更加广阔的创作空间和发展空间。

（2）数字化绘图的优势与挑战

数字化绘图技术在当今数字时代的艺术教育中扮演着重要角色，其优势不言而喻，也带来了不少挑战，需要在教学实践中进行有效平衡。

首先，数字化绘图技术具有诸多优势。其中便捷高效是最显而易见的优点，学生无须准备大量的绘画材料，只需一台电脑或平板电脑即可开始创作。此外，数字化绘图的过程中可以随时进行修改和调整，无须担心纸张的损坏或颜料的干涸，使得学生能够更加自由地表达自己的想法和创意。另外，数字化绘图还具有良好的存储和分享性，学生可以将作品保存在电脑或云端，方便随时查看和分享给他人，促进了学生间的交流和学习。

其次，数字化绘图技术也伴随着一些挑战。首先，学生需要掌握相应的软件操作技能。尽管现代的绘图软件通常具有友好的用户界面，但对于一些初学者来说，仍然需要一定的学习基础才能顺畅操作。此外，数字化绘图还存在着技术故障导致数据丢失的风险，尤其是在没有及时保存作品的情况下，一旦电脑或软件出现问题，就可能会造成辛苦创作的作品丢失，给学习和教学带来不便。

因此，在教学实践中，需要平衡传统绘画与数字化绘图的教学内容，全面提高学生艺术素养。传统绘画技法仍然是艺术教育的重要组成部分，它强调对材料、色彩和形态的直观感知和实践操作，以培养学生的观察力和提高手工技能。而数字化绘图则为学生提供了更广阔的创作空间和更丰富的表现形式，学生可以更加灵活地表达自己的创意和思想，增强艺术作品的新颖性和个性化。

（二）数字影像处理技术的应用

1. 软件工具的使用

（1）数字影像处理软件功能概述

数字影像处理软件是数字艺术创作中不可或缺的工具之一，其功能之丰富多样为学生提供了广阔的创作空间和无限的想象空间。这些软件提供了丰富多样的编辑、修饰和合成功能，使得学生能够对照片、图像等进行创作和处理。首先，色彩调整是数字影像处理软件中常见的编辑功能之一。学生可以通过调整图像的色彩、亮度、对比度等参数来改变图像的整体色调和视觉效果，从而使得图像更加生动和具有艺术感。其次，滤镜处理是数字影像处理软件的又一重要编辑功能。可以通过选择不同的滤镜效果，如模糊、锐化、素描等，来对图像进行特殊处理，从而达到某种特定的艺术效果或表现手法。特效添加也是数字影像处理软件的一项常见编辑功能。可以利用软件提供的各种特效，如光影特效、火焰特效、水波纹特效等，为图像增添独特的艺术味道和表现力。此外，数字影像处理软件还提供了各种图像合成和修饰功能，如剪裁、调整尺寸、添加文字等，使得学生能够对图像进行更加细致和全面的处理，创造出更加丰富多彩的艺术作品。

（2）创作流程与技巧

在使用数字影像处理软件进行创作时，学生需要掌握一定的创作技巧，以确保作品能够达到预期的效果。首先，学生需要对待处理的图像进行分析和选取，这包括了对图像的内容、色彩、构图等方面进行仔细观察和分析，以确定后续的编辑和修饰方向。在这个阶段，学生需要明确作品的主题和表现手法，为后续的创作奠定基础。接下来，学生可以进行基本的编辑和修饰工作，这包括了对图像的色彩、亮度、对比度等进行调整，以及对图像的剪裁、尺寸调整等基本操作，以使得图像达到艺术创作的要求。在进行基本编辑和修饰的同时，学生还需要注意保留图像的原始特性和美感，避免过度处理导致图像失真或变形。最后，在基本编辑和修饰完成后，学生可以根据创作需求添加特效和调整细节，进一步丰富作品的表现手法和艺术效果。这包括了使用软件提供的各种特效功能，如光影效果、模糊效果、纹理效果等，以及对图像的局部细节进行精细调整，使得作品更加生动和具有表现力。在整个创作流程中，需要注重创新性，不断探索和尝试新的创作方法和技巧，以提升作品的艺术水平和表现力。

2. 与传统艺术形式的结合

（1）数字影像处理与摄影艺术的结合

学生可以利用数字影像处理软件对摄影作品进行后期修饰和创作，从而使得作品呈现出更加丰富多样的视觉效果和艺术表现力。首先，数字影像处理技术使得摄影作品的后期修饰变得更加便捷和灵活。传统的暗房处理需要花费大量的时间和精力，而数字影像处理软件则可以通过简单的操作实现对图像的色彩、对比度、亮度等方面的调整，以及对图像的剪裁、尺寸调整等操作，从而使得后期修饰变得更加高效和方便。其次，数字影像处理技术为摄影作品的创作带来了更广阔的想象空间和更丰富的表现形式。可以通过软件提供的各种特效和滤镜效果，如光影效果、模糊效果、素描效果等，为摄影作品增添独特的艺术氛围和个性化的表现方式。此外，数字影像处理技术还可以实现图像的合成和重构，使学生能够创造出更加富有想象力和创意性的摄影作品。总之，通过数字影像处理技术，学生可以更加灵活地表达自己的摄影理念和审美观念，提升他们对摄影艺术的理解和创作能力。

（2）数字影像处理与绘画艺术的结合

数字影像处理技术与绘画艺术的结合为创作带来了全新的可能性和表现方式，为学生创造了更广阔的艺术空间和更丰富的创作体验。通过将绘画作品与数字影像处理软件相结合，学生可以在传统绘画的基础上进行进一步的修饰和创作，使作品呈现出独具个性的艺术魅力。首先，学生可以将传统绘画作品扫描或拍摄后导入数字影像处理软件中进行进一步的编辑和修饰。在这个过程中，学生可以利用软件提供的丰富多样的编辑功能，如色彩调整、图层叠加、特效添加等，对绘画作品进行个性化的加工和美化，从而使得作品更加生动、具有层次感和表现力。其次，学生还可以利用数字影像处理软件的特效功能为绘画作品增添独特的艺术效果和视觉冲击力。通过选择合适的特效效果，如模糊、锐化、素描等，学生可以赋予绘画作品不同的艺术氛围和情感表达，使作品更加富有想象力和个性化。此外，数字影像处理技术还可以为绘画作品添加文字、图案、纹理等元素，使作品更加丰富多彩，展现出不同于传统绘画的艺术魅力。

第五章　创意美术教育的评价与反馈

第一节　创意美术作品评价的标准与方法

一、作品表现

（一）创意性评价

1. 新颖独特的构思和创意

在评价一幅作品的创意性时，首要考虑的是其是否具有新颖独特的构思和创意。这一标准涉及作品的原创性和独特性，需要深入挖掘作品背后的创意来源和构思过程。

教师应当深入分析作品创意的来源，探究作者可能受到的启发和影响。这可能涉及作者的个人经历、文化背景、社会环境以及艺术观念等方面。通过对创意来源的深入了解，教师可以更好地理解作品背后的内涵和意义。

2. 突破传统的艺术表现方式

评价一幅作品的创意性还需要考察其是否在艺术表现方式上有所突破。这涉及作品在形式上的创新性和实验性。

（1）新颖的艺术手法和媒介

教师需要关注作品是否采用了新颖的艺术手法和媒介。这可能包括数字艺术、装置艺术、多媒体艺术等形式。运用新颖的艺术手法和媒介能够使作品呈现出不同于传统艺术形式的表现方式，从而突破传统。

（2）多样化的视角和表现方式

优秀的创意作品应当能够通过多样化的视角和表现方式来呈现作者的独

特观点和想法。教师需要考察作品是否具有多层次的表现手法，是否能够通过不同的视角来展现作品的内涵和意义。通过多样化的表现方式，作品能够给观者带来全新的艺术体验和感受。

3. 引发观者思考和联想

优秀的创意作品应当能够引发观者的思考和联想，唤起观者的共鸣和情感反应。教师需要考察作品是否具有足够的深度和内涵，是否能够在观者心中留下深刻的印象。

（1）深度和内涵的探索

教师需要深入探讨作品的深度和内涵，考察作品是否能够在不同的层次上启发观者的思考和理解。作品是否具有丰富的象征意义和隐喻，是否能够通过多重解读来引发观者的思考和联想。

（2）对生活、文化和艺术的思考和理解

优秀的创意作品应当能够引发观者对生活、文化和艺术的思考和理解。教师需要考察作品是否能够通过独特的创意和构思来反映现实生活中的问题和现象，是否能够唤起观者对于生活和文化的思考和反思。

（二）表现力评价

1. 情感传达和意境营造

评价作品的表现力还需要考察其情感传达和意境营造能力。这不仅需要关注作品所传达的情感效果，还需要关注作品是否能够营造出具有独特魅力的意境。

（1）情感效果的评估

教师需要深入分析作品所呈现的情感效果，包括情感的种类、强度和真实性。要考察作品是否能够准确、生动地传达作者的情感，观者能否通过作品感受到作者内心的情感体验，等等，这些情感的传达是否能够引起观者的共鸣和情感交流，使观者与作品产生情感上的联系和互动。

（2）意境营造的效果

优秀作品应当能够营造出独特的意境和氛围，使观者沉浸其中，产生共鸣和情感交流。教师需要考察作品是否能够通过色彩、光影、氛围等方面的表现手法，营造出具有独特魅力的意境；作品所营造的意境是否与主题相符，是否能够深刻地触动观者的心灵，使观者产生情感上的共鸣和思考。

2. 表现技巧和手法运用

教师需要评估作品在色彩、构图、线条等方面的表现技巧和手法是否得当，是否能够有效地传达作者的情感和思想。

（1）色彩运用的评估

教师需要分析作品的色彩运用是否丰富多彩、协调和谐，作品的色彩搭配是否能够准确地表达作者的情感和意境，是否能够产生强烈的视觉冲击力和情感共鸣。

（2）构图和线条运用的评估

优秀作品的构图应当合理稳定，能够突出作品的主题和情感表达。教师需要考察作品的构图是否符合美学原则，是否能够引导观者的视线，使观者更好地理解作品的意义和内涵。此外，教师还需要考察作品的线条运用是否流畅自然，是否能够准确地传达作者的情感状态和思想情绪。

3. 艺术体验和艺术影响力

教师需要考察作品能否给观者带来深刻的艺术体验和感受，是否能够激发观者的审美情感和艺术共鸣。

（1）艺术体验的评估

教师需要分析作品是否能够引起观者的审美情感共鸣。作品的视觉效果是否引人入胜、耐人寻味，观者能否通过作品获得愉悦、震撼或者思考的体验。

（2）艺术影响力的评估

优秀作品应当具有持久的艺术影响力，能够在观者心中留下深刻的印象。教师需要考察作品是否能够产生持久的艺术影响力，是否能够在观者心中产生深远的艺术影响，从而引发观者对于艺术的思考和探索。

（三）技术运用评价

1. 绘画、雕塑、摄影等艺术媒介的技术运用

绘画、雕塑、摄影等各种艺术媒介都有其独特的技术要求和表现方式，教师应深入分析各类作品的技术运用是否娴熟，是否能够达到预期的艺术效果。对于绘画作品，需要评估作者的绘画技巧，包括笔触的运用、色彩

的搭配、光影的处理等，以确保作品能够准确、生动地表现出作者的创意和情感。对于雕塑作品，教师需要考察作者的雕刻技艺和材料运用，以确保作品能够塑造出立体的形象，并表达出丰富多彩的艺术形式和风格。而对于摄影作品，则需要评估作者的构图技巧、光影的控制以及后期处理的水平，以确保作品能够准确地捕捉到主题和情感，呈现出视觉上的丰富多彩。

2. 技术运用的创新性和实验性

创新性指的是作品在技术运用上有新的突破和尝试，能够引领艺术风潮，开拓艺术领域的新局面。优秀的作品往往能够在传统技术的基础上进行创新，探索出新的艺术表现方式和形式，从而为艺术界带来新的思维和启发。教师需要综合考量作品是否具有独特的创意和表现形式，以及是否能够突破传统的艺术观念和表现方式，从而对作品的创新性进行评估。实验性则指的是作品敢于尝试新的艺术手法和表现形式，勇于挑战传统的艺术观念和表现方式。艺术创作是一个不断探索和实验的过程，优秀的作品往往能够在实践中勇于尝试，不断探索新的艺术可能性。教师需要关注作品是否具有实验精神，是否敢于挑战传统的艺术观念，以及作品是否能够为当代艺术带来新的思考和启发。

通过综合评估作品的创新性和实验性，教师能够更全面地了解作品的价值和意义，为学生的发展和进步提供新的思路和方向。

二、审美效果

（一）感染力评价

1. 情感共鸣与触动心灵

作品的感染力主要体现在其所表达的情感是否真挚、深刻，以及是否能够打动观者的内心，引发情感共鸣。优秀的作品往往能够通过独特的表现方式和情感表达，深深地触动观者的心灵，引发强烈的情感共鸣。这种共鸣不仅是对作品所表达情感的认同，更是观者与作品之间的情感交流和连接。教师应该敏锐地捕捉作品所传递的情感，分析其对观者情感的触动程度，以及是否能够唤起观者内心深处的共鸣和情感回应。作品的感染力不仅是表面上的情感共鸣，更应该能够触动观者的内心深处，引发其对生活、文化和人性的深刻思考和体验。因此，教师在评价作品的感染力时，需要综合考虑其情感表达的真挚性和深度，以及观者对作品所产生的情感共鸣和情感连接，从而准确地评价作品的感染力和艺术价值。

2. 情感真实性与深度

作品所传达的情感是否具有真实性和深度，直接影响着作品对观者内心的触动程度和情感共鸣的持久程度。教师在审视作品时应注重情感的真实性，即作品所表达的情感是否来源于作者真实的体验，是否能够打动观者的内心，引发情感共鸣。同时，作品所表达的情感深度也是评价的重要因素之一。作品的情感深度体现在其对情感的深刻理解和揭示上，以及作品是否能够触及观者的内心深处，引发深层次的情感共鸣。教师需要细致观察作品所呈现的情感是否具有丰富的内涵和深刻的意蕴，以及是否能够引发观者对生活、人性和情感的深入思考和体验。作品只有具有真实而深刻的情感表达，才能够打动观者的内心，产生持久的情感共鸣，从而赋予作品更高的艺术价值和意义。

（二）影响力评价

1. 审美体验的引导与启发

作品是否能够唤起观者内心深处的情感共鸣，是否能够启发观者对艺术及生活的新思考，是评价的关键标准之一。作品是否能够引导观者进行深度的审美体验，让他们获得启发和感悟，同样是评价的重要因素之一。首先，教师应关注作品是否能够引发观者对艺术的思考和感悟。优秀的作品往往能够通过独特的艺术表现形式和深刻的主题内涵，引发观者对艺术现象的深度思考和感悟。作品能否提供新的视角和思维方式，是否能够激发观者对生活、文化和人性的思考和理解，直接反映了其影响力的大小。其次，教师还应考察作品对观者的审美情感和认知所产生的影响程度。优秀的作品能够引导观者进行深度的审美体验，使他们获得审美愉悦和心灵上的满足，进而对艺术产生更深层次的认知和理解。

总之，通过综合考察作品对观者审美体验和思想感悟的影响程度，教师可以全面地了解作品的影响力和价值。

2. 对文化与情感的影响程度

作品是否能够引发观者对文化、情感等方面的思考和感悟，以及是否能够深刻地触动观者的内心，是评价的重要方面之一。首先，教师应细致观察作品对观者情感的影响程度。优秀的作品往往能够通过深刻的情感表达和真挚的情感体验，触动观者的内心，引发强烈的情感共鸣和情感连接，从而直接反映其对观者情感方面的影响程度。其次，教师还应细致观察作品对观者在文化方面的影响程度。优秀的作品往往能够融合丰富的文化元素，引发观者对文化的深度思考和理解。作品能否通过独特的文化表达方式和深刻的文化内涵，启发观者对文化传承和创新的思考，也是评价的关键标准之一。

总之，通过综合考察作品对观者文化、情感等方面的影响程度，教师可以全面地了解作品的影响力和价值。

三、艺术观念

（一）思想深度评价

1. 内涵与思想深度

评价作品的思想深度需要考察其所表达的艺术观念和内涵是否丰富和深刻。作品是否能够体现出作者对艺术、生活和社会等方面的深刻思考和理解，以及是否能够引发观者对于人生、价值观等方面的思考和共鸣，是评价的重点之一。教师应细致分析作品所蕴含的思想深度和哲学内涵，以及作品对于观者的启发和观者的感悟程度。

2. 视野与见解

评价作品的思想深度还需要考察其所表达的艺术观念是否具有独特的见解和广阔的视野。作品是否能够突破传统的艺术表现方式，展现出作者独特的艺术视野和创作理念，以及是否能够为观者提供新的思考视角和观念启示，是评价的关键标准之一。教师应关注作品所呈现的艺术观念是否独特、前卫，以及对于当代艺术和文化的思考和反思程度。

（二）文化内涵评价

1. 传统与现代的融合与创新

评价作品的文化内涵需要考察其对传统文化和当代社会的理解和把握。

作品是否能够巧妙地融合传统文化元素和现代艺术表现方式，展现出时代精神和文化底蕴，以及是否能够反映出作者对传统文化的理解和创新，是评价的重要因素之一。教师应细致观察作品所呈现的文化内涵是否丰富、深刻，以及对于传统文化和当代社会的反映和表达程度。

2. 历史意义与文化价值

评价作品的文化内涵还需要考察其所蕴含的历史意义和文化价值。作品是否能够反映出所处时代和文化背景的特点和精神，以及是否能够传达出作者对于历史文化和传统价值的尊重和理解，是评价的关键标准之一。教师应关注作品对于文化传承和历史意义的体现和表达程度，以及对于观者的文化启迪和情感触动程度。

第二节　学生创意美术作品展示与评议的实践经验

一、展示形式

（一）展览

1. 学生创意美术作品的展示平台

（1）学校内部展览

学校可以定期举办美术作品展览，将学生的作品在校园的画廊、图书馆或艺术教室等地方展示，为师生提供一个欣赏艺术作品、感受艺术氛围的机会。在学校内部展览中，参展学生可以充分展示其创意和艺术才华，与师生们分享作品背后的创作故事和灵感来源。这种展览形式不仅有利于师生之间的交流和学习，也能够提升学校的艺术氛围，丰富校园文化生活。同时，学校内部展览也为学生提供了一个展示自己作品的舞台，有助于激发他们对艺术的兴趣和创作热情，促进其艺术素养的提升。

（2）美术馆展览

通过与专业美术馆的合作，学生作品可以在专业的展览场地进行展示，从而提升作品的展示效果和影响力。美术馆作为艺术展览的专业场所，通常能够提供更加优质的展示条件和服务，如专业的展览布置、宣传推广等。此外，美术馆展览也能够吸引更多的观众和专业人士参与，为学生的艺术作品增添专业性和影响力。通过与美术馆的合作，学生不仅能够将自己的作品展示给更广泛的观众群体，还能够与艺术界人士进行交流和互动，提升自己的艺术水平和认知能力。

（3）艺术社团活动

一些艺术社团或艺术团体经常会组织学生创意美术作品的展览活动，为学生提供了一个展示和交流的机会。这种形式的展览通常具有较强的社会性和艺术氛围，能够吸引更多的艺术爱好者和专业人士参与。通过参与艺术社团活动，学生不仅能够展示自己的作品，还能够与其他艺术爱好者进行交流和互动，拓宽自己的艺术视野和人际网络。同时，艺术社团活动也为学生提供了一个实践艺术理论和技能的平台，促进其艺术素养的全面提升。

2. 展览形式与特点

（1）个人展

个人展是学生展示自己创意作品的一种专属展览形式。这种形式能够充分展现学生的个性和才华，为观众提供了深入了解学生艺术世界的机会。在个人展中，学生可以选择展示自己最具代表性的作品，展现自己的创意和艺术风格，同时也可以通过展览与观众进行交流和互动，分享作品背后的创作故事和灵感来源。总之，个人展不仅能够展示学生个人的艺术成就，还可以激发学生的创作热情，促进其艺术素养的提升。

（2）集体展

集体展是指学生集体参与展览，共同展示自己的创意作品。通过集体展，学生可以相互借鉴、交流，共同进步。集体展也能够展现学校整体的艺术氛围和教育成果，为学校树立良好的文化形象。在集体展中，学生可以通过展示自己的作品，展现学校的艺术教育成果和个人的艺术素养，同时也能够增强学生之间的交流和合作意识，促进彼此的成长和进步。集体展不仅能够展现学生的艺术作品，还能够反映学校的艺术教育水平和文化氛围，为学校营造良好的学习和生活环境。

（3）主题展

主题展是围绕特定主题展示学生作品的一种形式。通过设立不同的主题，如自然风景、人物写生、抽象艺术等，学生可以有针对性地进行创作，展现出多样化的艺术表现形式和主题深度，为观众带来丰富多彩的艺术体验。主题展不仅能够激发学生的创作灵感，还能够培养学生的主题意识和创作能力，促进其艺术素养的全面提升。同时，主题展也为观众提供了一个聚焦特定主题、深入了解艺术内容的机会，能够丰富观众的艺术体验，引发观众的思考和共鸣。

（二）评选

1. 挑选优秀作品进行重点展示和推广

（1）评选机制

学校或艺术机构可以建立一套完善的评选机制，挑选出一定数量的优秀作品进行重点展示和推广。评选机制的建立对于保证评选的公平、公正和专业性至关重要。首先，可以设立评选委员会或评审团，由具有专业背景和丰富经验的专业人士组成，负责对作品进行评审和筛选。评选标准可以包括创意性、表现力、技术运用等方面，以确保评选的全面性和客观性。评选过程应该严格遵循规定的程序和标准，确保每一件参与评选的作品都能够得到公平的评判和对待。其次，可以设立评选规则和流程，明确评选的时间节点、参与条件和奖励机制，以确保评选活动的顺利进行和有效管理。

（2）重点展示

评选出的优秀作品可以在学校、美术馆等专业场所进行重点展示。这样的展示形式不仅能够展示学生的创作成果和才华，还能够吸引更多的观众和专业人士参与，提升学生的艺术水平和综合素养。在展示过程中，可以设置专门的展示区域或展示空间，将优秀作品进行分类和布置，使其更加引人注目。同时，可以组织相关的开幕式或庆祝活动，邀请相关人士和观众参与，为优秀作品的展示增添一份庄重和活力。通过重点展示，可以进一步展现学生的创作成果和才华，激发更多人的艺术兴趣和热情，促进艺术交流和学习的深入开展。

2. 持续展示和推广

（1）展示周期

学校或艺术机构可以安排定期轮换展示学生作品，确保更多的学生作品得到展示和欣赏的机会。这样的展示周期可以根据学期或学年进行规划，每隔一段时间更新展示作品，让观众有机会欣赏到更多的作品。定期轮换展示不仅可以激励学生的创作热情，也可以使展览更加新鲜和有趣，吸引更多观众的参与和关注。

（2）多种形式推广

除了在学校或美术馆进行展示外，评选出的优秀作品还可以通过社交媒体、校园宣传等多种形式进行推广。通过社交媒体平台，学校或机构可以发布学生作品的照片或视频，并配以简短的介绍和创作背景，吸引更多的在线观众。同时，可以在校园内设置宣传海报、展示屏幕等，展示评选出的优秀作品，让更多的师生和访客了解和欣赏学生的艺术作品。此外，还可以通过校内艺术活动、艺术沙龙等形式，进行实时展示和交流，进一步提升作品的知名度和影响力。通过多种形式的推广，可以让更多的人了解、欣赏和关注学生的创作成果，促进艺术交流和学习的深入开展，为学生的艺术发展提供更广阔的舞台和机遇。

3. 激励学生持续提升创作水平

（1）荣誉奖励

评选活动设置的荣誉奖励，如优秀奖、鼓励奖等，可以激励学生持续提升创作水平。这些奖项可以根据作品的创意性、表现力、技术运用等方面进行评选，表彰在艺术创作中取得突出成就的学生。荣誉奖励不仅可以肯定学生的努力和成绩，还能够激励更多学生参与艺术创作和交流，推动整个艺术教育的发展。此外，评选活动也可以设置特别奖项，如最具潜力奖、最具创新奖等，以鼓励学生不断探索和挑战艺术的边界，拓展自己的创作领域。

（2）导师指导

评选活动可以为参加的学生提供导师指导和辅导。专业的艺术导师可以针对学生的创作特点和需求，提供个性化的指导，帮助他们不断提升创作水平和艺术表现能力。导师可以通过定期的辅导会议、个别指导和作品评审等方式，与学生进行深入的交流和探讨，解决他们在创作过程中遇到的问题，并提供专业的艺术建议和技巧指导。通过导师的指导，学生可以更加系统地学习和掌握艺术技能，拓宽创作思路，提高作品质量，从而不断提升自己的创作水平和艺术修养。

二、评议内容

（一）创意性评价

1. 创意性构思

创意性构思在艺术创作中扮演着至关重要的角色，它不仅体现在作品的题材选择上，还体现在想法和表现手法的新颖程度上。

第一，教师应该关注作品的题材选择是否具有新颖性和独特性。艺术作品的题材选择可以是对日常生活中普通事物的重新诠释，也可以是对抽象概念的独特表达。例如，一幅作品可能选择了非常特殊的主题，如未来科技、环境保护或人类情感等，这种主题能够让作品更具有吸引力和独特性。教师可以通过分析作品的题材选择是否于传统观念有所突破，是否能够引发观者的思考和共鸣来评价其创造性。

第二，教师还应关注作品的想法和表现手法的新颖程度。作者可能通过独特的视角、艺术语言或技术手法来表现作品，从而使其更具有个性化和独特性。教师可以通过分析作品的表现手法是否新颖独特，是否有奇思妙想，是否能够引起观者的兴趣和共鸣来评价其创意性。

2. 突破传统

教师在审视学生的创意美术作品时，需要考虑作品是否具有突破传统的特质，以及是否展现了对传统的创新和重新解读的精神。这种突破传统的创新精神在艺术领域中至关重要，它体现了作者对于创作的独特见解和勇于挑战传统的精神。

第一，教师需要关注作品是否在题材选择上突破了传统。传统的艺术作品往往囿于特定的主题或题材，而突破传统则意味着作者选择了更加新颖、独特的主题或题材。例如，传统艺术作品可能局限于描绘自然风景或人物肖像，而突破传统的作品可能选择了更为前卫或抽象的主题，如科技发展、人类情感等，从而引领观者进入全新的思维空间。

第二，教师应关注作品在表现手法上是否突破了传统。传统的艺术表现模式往往受到历史、文化和审美观念的束缚，而突破传统则意味着作者采用了新颖独特的表现手法。例如，传统的绘画作品可能采用传统的绘画技法和风格，而突破传统的作品可能运用了数字艺术、装置艺术等新媒介和新技术，以及更加前卫的艺术风格，从而给观者带来全新的视觉体验和思考方式。

第三，教师还应关注作品在艺术理念上是否突破了传统。传统的艺术理念往往包含着固定的审美标准和艺术观念，而突破传统则意味着艺术家对传统观念进行了重新解读和挑战。例如，传统艺术往往强调对现实的客观描绘，而突破传统的作品可能更加注重对内心世界的表达和情感体验，以及对社会现实的批判和反思，从而使作品更具有深度和内涵。

3. 文化内涵和社会意义

教师在审视艺术作品时，除了关注其创意性和对传统的突破外，还应考虑作品是否反映出当代社会的文化内涵和社会意义。这一方面涉及作品是否能够引发观者对当下社会现象和问题的思考，另一方面则包括作品是否具有一定的社会价值和启发意义。这种文化内涵和社会意义的体现，不仅让艺术作品更具深度和内涵，也使其具有更广泛的意义和影响力。

第一，教师应当关注作品是否能够引发观者对当下社会现象和问题的思考。艺术作品不仅是艺术家个人情感和创意的表达，更是对社会、文化、历史等方面的反思和表达。通过作品，作者可以对社会现实进行深刻的解读和思考，引发观者对社会现象、文化现象以及人类生活的思考和探索。这种对当代社会现实的关注和反思，赋予作品更深层次的内涵和意义，能够引发观者的共鸣和思考，从而增强作品的影响力和感染力。

第二，教师还应关注作品是否具有一定的社会价值和启发意义。艺术作品不仅是对现实的反映，更是对人类精神世界和社会发展的探索和表达。通过作品，作者可以传递出对社会正义、人性尊严、道德责任等价值观念的思考和表达，激发观者对这些价值观念的认同和思考。同时，作品还可以启发观者对生活、人生、人类命运等问题的思考，促使他们从中汲取力量，引导他们走向积极向上的方向。这种社会价值和启发意义的体现，使作品不仅是艺术创作的产物，更成为社会进步和文化传承的重要组成部分。

(二)表现力评价

1. 情感共鸣

教师在审视作品时,需要综合考量作品所传达的情感是否真实而深刻,以及作品是否能够给观者留下深刻的印象,这些都直接决定了作品的艺术价值。首先,作品所传达的情感是否真实而深刻,是评价情感共鸣的关键标准。优秀的作品往往能够以真挚的情感打动人心,引发观者的共鸣。例如,凡·高的《星夜》通过对色彩的运用和画面的构图,表现出对自然的独特情感,观者在欣赏作品时往往会被其深深打动,产生共鸣之情。因此,教师需要审视作品所表达情感的真实性和深度,以判断其是否能够引发观者的情感共鸣。其次,作品是否能够给观者留下深刻的印象,也是评价情感共鸣的关键标准之一。印象的深刻程度反映了作品所传达情感的震撼力和观者的接受程度。例如,萨尔瓦多·达利的名作《记忆的永恒》(图5-1)通过对梦境和回忆的诠释,触发了观者内心深处的情感共鸣,使观者产生深刻的印象。因此,教师需要考察作品对观者的情感触动程度,以及观者是否能够深刻体验作品所传达的情感,从而判断其情感共鸣的效果。

情感共鸣不仅是对作品所表达情感的认同,更是观者与作品之间情感连接和交流的体现。教师在评估作品的情感共鸣时,需要综合考虑情感的真实性、深度以及作品对观者内心的触动程度。只有当作品能够真实而深刻地触动观者的内心,引发其情感共鸣和深思时,才能够被认为具有艺术上的表现力和价值。

图 5-1 记忆的永恒 [西班牙] 萨尔瓦多·达利

2. 视觉效果和感染力

教师需要考虑作品在视觉上的表现能力以及感染力。首先，教师应关注作品是否能够通过视觉形式和语言有效地表达作者的情感和思想。优秀的作品往往能够通过精湛的技艺和独特的视觉语言引发观者的共鸣和思考。其次，作品是否能够吸引观者的注意力和兴趣，使其沉浸其中也是评价的重点标准之一。视觉效果的吸引力直接影响着观者对作品的接受程度和情感体验。因此，教师需要细致观察作品的视觉效果，分析其是否能够产生视觉冲击力和感染力，以及能否引发观者的情感共鸣和思考。

3. 艺术语言和表现手法

艺术语言和表现手法直接反映了作者的艺术才华和审美情趣，也决定了作品的表现力和艺术效果。首先，教师需要评估作品是否运用了多种艺术元素和技法。多样化的艺术语言能够丰富作品的表现形式，增强其艺术感染力。其次，作品的表现力是否与主题相匹配也是评价的重点标准之一。优秀的作品能够通过恰当的表现手法准确地表达主题和情感，使观者产生共鸣和思考。因此，教师需要综合考虑作品所运用的艺术语言和表现手法是否恰当，以及其对作品整体表现力的影响程度。

（三）技术运用评价

1. 构图设计

一幅作品的构图需要具备合理性、清晰性和吸引力，才能够吸引观者的眼球，引导他们进入作品的世界，并产生深远的情感共鸣。

首先，艺术作品的构图应符合艺术原则，如黄金分割、对称、平衡等。黄金分割是一种广泛应用于艺术创作中的构图原则，符合黄金比例的画面排布使作品呈现出更加和谐的视觉效果。例如，意大利文艺复兴时期，在作品中运用黄金分割最多的艺术家就是达·芬奇。他的作品《维特鲁威人》（图5-2）和《蒙娜丽莎》（图5-3）都是完美运用黄金分割的作品。其作品《维特鲁威人》是严格按照《建筑十书》中关于人体比例和黄金分割的描述来绘制的。在《维特鲁威人》中，人物的肚脐处在头到脚底的黄金分割点处，咽喉位于头顶到肚脐的黄金分割点处，肘部位于肩膀到指尖的黄金分割点处，各个部分之间的比例都是相互关联的，形成了一个和谐统一的整体。达·芬奇在作品《蒙娜丽莎》中运用了斐波那契螺旋线，作品中蒙娜丽莎的鼻子位于斐波那契螺旋线的消失点，螺旋线经过她的下颌、头顶延伸到肩膀和手臂，十分流畅，给人很舒适的视觉体验。后世画家在处理半身像时，作品或多或少都有《蒙娜丽莎》的影子，其影响之大可见一斑。

其次，作品的结构和比例的平衡与和谐也是构图设计中需要关注的重点。良好的结构和比例能够增强作品的视觉效果，使得观者在观赏时感受到视觉上的舒适和愉悦。例如，在绘画作品中，画面中不同元素之间的大小、形状和位置关系需要经过精心设计，以确保整体构图的平衡和谐。如果某个元素过大或过小，或者位置不当，都可能破坏画面的整体效果，影响作品的观赏体验。

总之，教师在对作品的构图设计进行评价时，需要细致观察作品的构图布局、元素组合和比例关系，分析其对观者的视觉体验和情感表达的影响程度。例如，在一幅风景画中，作者通过巧妙的构图设计，将前景、中景和远景组合在一起，使得画面呈现出层次分明、透视感强的效果，引导观者的视线向远处延伸，产生出广阔空间之感和深远的情感体验。

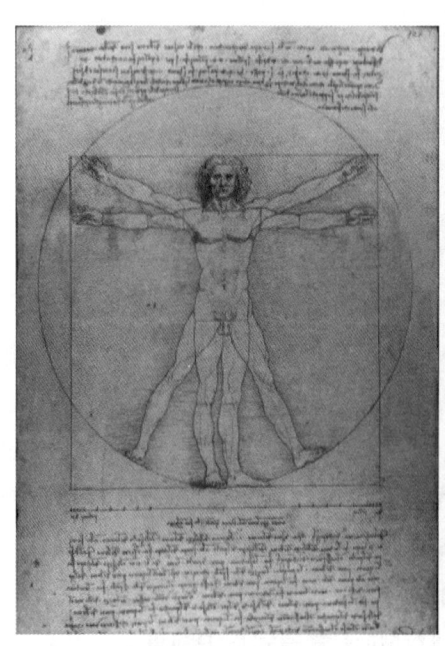

图 5-2　维特鲁威人
[意大利] 达·芬奇

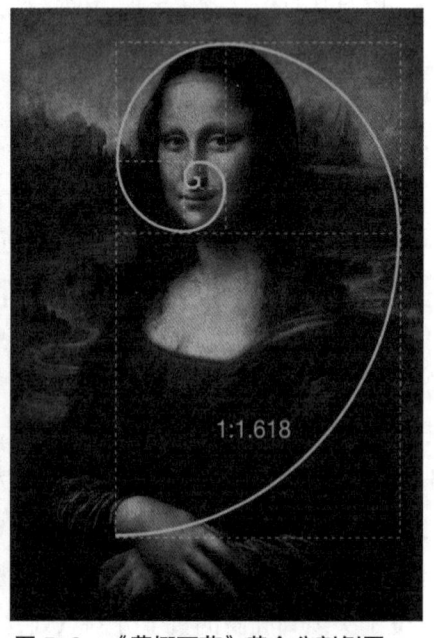

图 5-3　《蒙娜丽莎》黄金分割例图
[意大利] 达·芬奇

第五章 创意美术教育的评价与反馈

2. 色彩运用的丰富性和生动性

教师在审视作品时,需要特别关注色彩的丰富性、生动性以及表现力,全面评价其技术运用和艺术价值。

首先,作品的色彩搭配是否和谐、统一是评价的重要指标之一。优秀的作品通常能够自如地运用丰富的色彩,但色彩的搭配必须经过精心设计,避免出现色彩的过度碰撞或不协调,从而造成视觉上的不适。例如,著名画家凡·高的《向日葵》(图5-4)的色彩搭配。他曾多次描绘以向日葵为主题的静物,也喜欢用向日葵来布置他在阿尔的房间。他曾说过:"我想画上半打的《向日葵》来装饰我的画室,让纯净的铬黄,在各种不同的背景上,在各种程度的蓝色底子上,从最淡的维罗内塞的蓝色到最高级的蓝色,闪闪发光;我要给这些画配上最精致的涂成橙黄色的画框,就像哥特式教堂里的彩绘玻璃一样。"凡·高确实做到了让阿尔八月阳光的色彩在画面上大放光芒,这些炽热的色彩,如同发自内心虔诚的精神情感,熠熠闪光。

图5-4 向日葵 [荷兰]凡·高

其次,作品的色彩运用是否能够增强其视觉效果和表现力也是评价的关键标准之一。色彩的运用应符合作品的主题和表现意图,能够有效地突出作品的情感表达和艺术感染力。例如，在一幅描绘自然风景的作品中，作者可能会运用明亮的色彩来表现朝霞或夕阳的余晖，从而增强作品的浪漫氛围和生动感。而在一幅表现内心情感的抽象作品中，作者可能会选择深沉的色彩来表现内心的忧郁或沉静，使作品更具张力和表现力。

总之，教师在评价作品的色彩运用时，需要细致观察作品中色彩的运用方式、色彩的搭配和色彩的表现力，分析其对整体艺术效果的贡献程度。只有在充分理解和欣赏作品的色彩之美的基础上，才能够准确地评价其技术运用和艺术价值。因此，教师需要具备对色彩理论的深刻理解和敏锐的观察力，以准确地评价作品的色彩运用。

3. 线条处理和细节表现

教师在审视作品时，需要特别关注线条的流畅度、精细度以及细节的处理是否真实和恰当，以便全面评价其技术运用和艺术价值。

首先，作品的线条是否流畅、精细是评价的重要指标之一。优秀的作品往往能够通过精湛的线条处理展现作者的艺术功底和技巧水平。例如，莫奈在《睡莲》（图5-5）系列作品中，用精细的线条描绘了睡莲的柔美轮廓和水面的倒影，使整个画面显得格外生动和真实。线条的流畅与否直接影响作品的整体美感和视觉冲击力，因此教师需要细致观察作品中对线条的处理，分析其对作品整体效果的贡献程度。

图 5-5　睡莲　[法国]莫奈

其次，作品的细节处理是否得当、真实也是评价的关键之一。细节的处理应符合作品的整体风格和表现意图，并且能够丰富作品的艺术内涵和表现形式。例如，在一幅写实主义的肖像画中，作者可能会通过精细的线条和细节表现出人物的面部表情和服饰细节，使作品更具真实感和生动性；而在一幅抽象作品中，作者可能会运用简练的线条和凝练的细节来表现内心情感和抽象意象，使作品更具抽象表现力和艺术张力。

总之，教师在评价作品的线条处理和细节表现时，需要细致观察作品中线条的流畅度和细节的真实性，分析其对整体艺术效果的贡献程度。只有在充分理解和欣赏作品的线条之美和细节之美的基础上，才能够准确地评价其技术运用和艺术价值。因此，教师需要具备对线条和细节的敏锐感知和深刻理解，才能准确地评价作品的线条处理和细节表现。

第三节　反馈与指导在创意美术教育中的作用与价值

一、个性化反馈

（一）深入了解学生需求

1. 学生个体特点的考量

在创意美术教育中，教师的任务不仅是简单地评估学生的作品，更重要的是深入了解每位学生的特点，并根据这些特点提供个性化的指导和反馈。这种个性化的考量涵盖了学生的多个方面，包括创作背景、技术水平、兴趣爱好和学习目标等，这些都对教师进行有针对性的指导提出了挑战。

举例来说，对于一位具有丰富绘画经验的学生，教师需要更加重视其技术水平提升需求和挑战型创作探索。这样的学生可能已经掌握了基本的绘画技巧，因此需要更深入的技术指导，例如在素描、色彩运用或构图等方面提供更高级的技术建议。同时，教师也可以鼓励这样的学生尝试新的艺术题材或探索不同的创作风格，以拓宽其创作视野。

而对于那些更加关注创作灵感和表现方式的学生，教师则需要更多地提供创意启发和表现技巧的指导。这些学生可能对于艺术的表现形式和表达方式更感兴趣，因此教师可以通过讨论艺术作品的主题、情感表达和艺术手法等方面，激发他们的创作灵感，并提供针对性的技巧建议，帮助他们更好地实现自己的艺术想法。

总之，在教学实践中，教师需要根据学生的具体情况灵活调整教学方法和反馈方式。他们可能需要针对不同的学生群体采取不同的教学策略，包括小组讨论、个性化指导、作品展示等方式，最大程度地满足学生的学习需求，提高其创作水平。

2. 对作品风格和创作需求的分析

学生作品的风格和创作需求是教师理解学生创作思路和表现方式的重要途径之一。通过深入分析学生的作品风格和创作需求，教师可以更好地指导学生，促进其艺术创作的发展。

首先，教师需要注意到每位学生都有自己独特的创作风格。举例来说，有些学生可能倾向于写实主义风格，注重细节和逼真感。这样的学生通常喜欢通过细腻的表现手法和精湛的技术，展现作品的真实感和立体感。对于这样的学生，教师可以重点关注作品中的细节处理和光影表现，提供技术性的指导和建议，帮助他们进一步提升作品的逼真度和艺术水平。然而，也有些学生可能更倾向于抽象表现主义风格，追求情感表达和意象的丰富性。这样的学生通常喜欢通过抽象的形式和色彩，表达内心的情感和想法。对于这样的学生，教师可以注重作品的情感表达和视觉冲击力，鼓励他们更多地发挥想象力和创造力，探索更具个性化的表现方式。

其次，教师还需要分析学生的创作需求。不同的学生可能对于创作的目的和目标有不同的要求。有些学生可能更注重技术的提升和专业技能的学习，希望通过创作不断提高自己的绘画水平和表现能力。而另一些学生可能更注重情感的表达和内心的体验，希望通过创作来宣泄情感或寻找心灵的寄托。教师可以根据学生的个人需求，提供针对性的指导和支持，帮助他们更好地实现自己的创作目标。

（二）提供有效的改进建议

1. 针对性的改进方案

教师需要深入了解每位学生的创作情况，针对其具体问题提出有效的解决方法和改进建议。以下将通过实例和分析展示针对性的改进方案。

实例一：技术指导

学生小明的水彩画作品在色彩运用方面存在一些问题，缺乏层次感和光影效果。教师可以给予小明针对性的技术指导，例如，建议他在色彩混合和过渡方面多加练习，学习如何运用冷暖色调来增强画面的立体感和逼真感。此外，教师还可以推荐一些水彩画技巧的学习资源或教程，帮助小明提升自己的绘画技能。

实例二：创作建议

学生小红的素描作品在线条处理方面不够流畅，缺乏自然感和动态感。教师可以向小红提出创作建议，建议她多进行素描速写练习，注重捕捉物体的形态和结构，提高线条的灵活性和表现力。同时，教师可以鼓励小红尝试不同的素描表现方式，如使用不同粗细的铅笔、探索不同的画面构图等，以丰富作品的表现形式和艺术效果。

实例三：学习资源推荐

学生小玲的油画作品在色彩运用和层次感方面需要改进，但她对于如何提升自己的绘画技巧感到困惑。教师可以向小玲推荐一些专业的学习资源，如书籍、在线教程或培训课程等，帮助她系统地学习油画技法和色彩理论，并在实践中不断提升自己的绘画水平。

通过以上实例可以看出，针对性的改进方案需要结合学生的具体情况和问题，提供个性化的技术指导、创作建议或学习资源。教师应根据不同学生的需求和学习阶段，为其量身定制有效的改进方案，帮助他们克服困难，提升作品质量和艺术水平。

2. 引导学生自我发现和学习

通过鼓励学生主动分析自己的作品，发现问题并提出解决方案，教师可以培养他们的自主学习能力和解决问题的能力。以下将通过实例和分析展示如何引导学生自我发现和学习。

实例一：作品分析

学生小华的素描作品在人物比例方面存在问题，导致人物形象显得不够真实和准确。教师可以引导小华自我分析作品，让她仔细观察自己的画面，发现其中的比例失调和不足之处。通过比较人物实际比例和作品中的表现，小华可以自主地意识到问题所在，进而加强人物比例的练习。

实例二：问题定位

学生小明的油画作品在色彩运用方面表现平淡，缺乏层次感和鲜明度。教师可以通过提出问题的方式，让小明自我分析作品的不足之处。通过提出一些问题，如"你觉得作品中的色彩是否充满活力？""你认为如何提升画面的层次感？"等，引导小明深入思考作品的问题所在，并自主寻找解决方案。

实例三：解决方案探索

学生小红的水彩画作品在色彩运用上表现得较为生动，但在构图方面存在不足。教师可以让小红自我探索解决方案，例如提出一些问题和建议，如"你觉得如何改进构图会让画面更加吸引人？""你可以参考一些其他艺术家的作品，看看他们是如何构图的"等，鼓励小红通过探索和研究找到适合自己的解决方案。

通过以上实例可以看出，引导学生自我发现和主动学习，需要教师通过作品分析、问题定位和解决方案等方式，激发学生的自主思考和学习能力。教师的角色不仅是提供反馈和指导，更重要的是引导学生自主发现问题并通过自我学习找到解决方案，从而培养其独立思考和解决问题的能力。

二、激励性指导

（一）肯定成就和建立自信

1. 积极地肯定成就

（1）发现优点和进步

教师在评估学生的作品时，不仅应关注作品存在的问题和改进空间，还应积极主动地寻找作品中的优点和进步之处，并及时给予肯定和赞扬。这种积极的反馈方式有助于建立学生的自信心和积极性，促进其艺术成长。

在评价学生作品时，教师应注意以下几个方面：首先，教师需要仔细观察学生作品,并主动发现其中的优点。这可能涉及作品的构图设计、色彩运用、线条处理等方面。例如,当学生成功地运用了新的表现技巧或独特的创意,教师应该明确指出,并以肯定的语言加以赞扬。这样的肯定不仅可以让学生感受到自己的努力和付出得到了认可,也能够激励他们继续保持良好的状态,不断提升自己的艺术水平。其次,教师还应该注意作品的进步之处。学生在创作过程中可能会经历起伏,有时候作品可能不尽如人意,但在这些挫折和失败中,学生往往也会有所收获和成长。教师应该关注学生作品的进步轨迹,及时发现和肯定学生在技术、表现力等方面的进步,鼓励他们继续努力前行。最后,教师在给予肯定和赞扬时,应该注重语言的鼓励性。积极的语言能够更好地传递教师的认可和支持,激励学生保持良好的学习状态和积极的创作态度。

(2)鼓励学生继续努力

教师在肯定学生的成就时,应该注重的不仅是简单的表扬,更要激励他们继续努力。这种肯定和鼓励不仅可以增强学生的自信心,还能够促使他们在艺术创作中保持热情和动力,进而取得更大的进步。

教师在向学生传达积极的信息时,应该注意以下几个方面:首先,教师应该在肯定学生的成就时,强调他们所付出的努力。例如,当学生在作品中表现出突出的创意或技术水平时,教师可以明确指出,并表达对他们不懈努力的赞赏之情。其次,教师可以通过给予额外的挑战和机会来激励学生。比如参加更高水平的比赛或展览,参与艺术社团或团体项目等。这样的机会可以让学生感受到自己的价值和能力,进而激发他们更进一步的学习和创作的热情。最后,教师应该向学生传达积极的信念和态度。教师应该鼓励学生相信自己的潜力,并相信通过不懈的努力和持续的学习,他们能够取得更大的成就和进步。这种积极的信念和态度能够帮助学生克服困难、直面挑战,保持艺术创作的热情和动力。

2. 建立自信心

当教师及时地发现并肯定学生作品中的优点和进步之处时,学生会逐渐意识到自己的能力和价值,从而增强自信心。首先,积极地肯定成就可以让学生意识到自己的努力和付出得到了认可。当教师明确指出学生作品中的优点和进步时,学生会感受到自己的努力并没有被忽视,而是得到了肯定和赞赏。这种肯定可以激发学生的积极性,增强自信心。其次,积极地肯定成就有助于建立学生的自尊心。当学生意识到自己的作品受到了赞扬和肯定时,他们的自尊心会得到极大的满足,从而更加自信地面对挑战和困难。这种自尊心的建立不仅能够帮助学生更好地应对各种情况,还能够促进他们的个人成长和发展。最后,积极地肯定成就能够让学生更加勇敢地展示自己的创作作品。当学生意识到自己的作品受到了肯定和赞赏时,他们会更有信心地展示自己的作品,展现个人的创造力和才华。这样的积极反馈可以鼓励学生更加积极地参与艺术创作,不断提升自己的技能和水平。

(二)鼓励勇于尝试和突破

1. 鼓励创新和尝试

(1)打破传统观念

传统观念常常局限了学生的创作思维,而教师的肯定和鼓励可以激励学生勇于尝试新的创作方法和表现形式,从而开拓创作的思路。首先,教师应该认可学生提出的新颖艺术创意。当学生敢于挑战传统,提出独特而新颖的艺术创意时,教师应该给予积极的回应和鼓励。这种肯定可以激发学生的创作热情,使他们更加积极地投入创作,并且带着更大的勇气去探索和实践自己的艺术想法。其次,教师可以肯定学生尝试新的艺术技巧。当学生尝试了前所未有的艺术技巧或表现形式时,教师应该给予鼓励和支持,让学生意识到创新和尝试的重要性。这种支持可以激励学生勇于尝试更多的艺术技巧,不断探索和挖掘自己的创作潜力,从而提升自己的艺术水平和表现能力。最后,教师可以通过提供案例引导学生思考,帮助他们打破传统观念。教师可以引导学生观察和分析一些成功的艺术作品,探讨其中的创新之处,从而启发学生思考和理解创新的重要性。通过这种方式,教师可以帮助学生树立正确的创作观念,鼓励他们勇于挑战传统,不断探索和实践新的艺术表现方式。

(2)探索个性化表达

教师应该成为学生探索个性化表达的引导者和支持者,激励他们勇于表达内心真实感受和个人想法,从而培养其创造力和想象力,促使其创作出更具个性化和独特性的作品。首先,教师可以鼓励学生深入挖掘内心的情感和思想。艺术创作源于对内心世界的感知和理解,教师可以引导学生反思自己的情感体验和思想感悟,并鼓励他们用艺术作品来表达这些内心感受。例如,通过情感日记、思维导图或心理素描等方式,帮助学生深入了解自己的情感状态和思维模式,从而在创作中找到独特的表达方式。其次,教师可以鼓励学生发挥想象力和创造力。想象力是艺术创作的灵魂,教师可以通过各种创作启发活动和思维碰撞,激发学生的想象力,引导他们勇于尝试新的表现形式和艺术语言。例如,通过角色扮演、情景模拟或故事编排等方式,帮助学生探索更加个性化和独特的表达方式。最后,教师可以为学生提供艺术鉴赏和学习的资源。艺术并非孤立存在,教师可以向学生介绍各种不同风格和流派的艺术作品,引导他们从中汲取灵感和启示,拓宽自己的艺术视野。例如,通过参观画展、观看艺术电影或阅读艺术书籍等方式,帮助学生丰富自己的艺术素养,提升个性化表达的水平和质量。

2. 面对挑战并突破

(1)理解和支持

教师在学生面对困难和挑战时扮演着至关重要的角色。他们的理解和支持不仅能够帮助学生克服困难,解决问题,还能够促进学生的成长。首先,教师应该理解学生面临的困难和挑战。这包括了解困难的性质、原因以及对学生造成的影响。通过与学生沟通和交流,教师可以更好地了解学生的需求和问题,并有针对性地提供帮助。其次,教师应该给予学生充分的支持和鼓励。这种支持可以体现为情感上的理解和鼓励,也可以体现在实质性的帮助和指导上。教师可以与学生共同制定解决问题的方案,提供必要的资源和信息,帮助他们找到解决困难的途径和方法。教师可以鼓励学生从困难和挑战中吸取经验教训,不断探索和尝试新的方法和思路。通过积极的反馈和鼓励,教师可以激发学生的自信心和动力,让他们更有信心应对未来的挑战。

(2)从失败中学习

教师在学生面临失败时扮演着至关重要的角色。他们的态度和指导方式对学生如何从失败中学习并成长起着重要作用。因此,教师应该鼓励学生从失败中吸取经验教训,并将其视为促进成长的机会。首先,教师可以帮助学生改变对失败的态度。他们可以向学生传达"失败并不可怕,而是一种常态,是通向成功的必经之路"的观念。教师可以与学生分享成功人士从失败中成长的案例，以激励他们保持乐观的态度并勇敢面对挑战。其次，教师可以引导学生分析失败的原因。通过深入探讨失败背后的原因，教师可以帮助学生找到问题所在，并从中吸取宝贵的经验教训。教师应该鼓励学生反思自己的行动和决策，并提出改进的建议和想法。此外，教师应该帮助学生从失败中学到东西，并不断改进和提升自己的能力。他们可以与学生一起制定解决问题的方案，并提供必要的支持和指导。教师还可以鼓励学生积极寻求反馈和建议，以便更好地理解问题，并找到解决问题的有效途径。最重要的是，教师应该激励学生相信自己的潜力和能力。通过积极的反馈和鼓励，让学生意识到失败并不代表终点，而是一个新的起点。教师应该鼓励学生保持信心，勇敢地迎接未来的挑战，并相信自己有能力克服困难并取得成功。

第六章　创意美术教育与跨学科融合

第一节　创意美术教育与科技、工程、数学等学科的融合与互动

一、科技与艺术融合

（一）计算机编程与艺术创作

1. 自动生成艺术作品

计算机编程为艺术创作提供了一种崭新而富有前景的方式，即自动生成艺术作品。在这种创作模式下，艺术家通过编写程序来生成艺术作品，这些作品常常具有抽象性、变化性和复杂性。

通过程序编写，艺术家能够创造出独特的图案和形态，这些作品展现出了艺术家对算法和数学规律的运用，呈现出规律性的美感。由于程序的运行是基于算法的，因此每一次生成的艺术作品都是独一无二的，这种随机性和多样性为艺术创作注入了新的活力和可能性。与传统艺术不同，程序生成的艺术作品常常具有动态性和互动性，观众可以通过输入不同的参数与作品进行互动，从而产生不同的视觉效果和体验。

举例来说，艺术家可以编写程序来模拟自然现象或生物系统的运行规律，从而生成具有生命力和变化性的艺术作品。这些作品既展现了自然界的美妙之处，又体现了艺术家对自然规律的理解和表达。另外，艺术家还可以利用计算机程序来探索几何学、图形学等数学原理，创作出几何美感和抽象美感并存的作品，从而丰富艺术的表现形式和内涵。

2. 交互式艺术作品

计算机编程的进步为艺术创作开辟了一条新的道路，使艺术家能够创作出具有交互性的艺术作品。这些作品能够与观众进行实时互动，让观众参与到艺术创作的过程中来，从而实现了艺术与观众之间的密切互动和沟通。

通过计算机编程，艺术家可以结合触摸屏、体感设备等先进技术，创作出具有交互性的艺术作品。观众可以通过触摸、手势等方式与作品进行互动，改变作品的形态、颜色、声音等表现方式，从而产生不同的艺术效果和体验。例如，观众可以通过触摸屏幕上的虚拟按钮来控制艺术作品中的元素运动或改变其形态，或者通过体感设备来与艺术作品进行身体上的互动，使艺术作品更加生动和具有参与感。

这种交互性的艺术作品不仅使观众成为艺术创作的一部分，还增加了观众的参与感和体验感。观众可以通过自己的行为和决策来改变作品的表现方式，从而产生出个性化的艺术体验。与此同时，交互式艺术作品还拉近了艺术家与观众之间的距离，打破了传统艺术作品与观众之间的单向沟通模式，促进了艺术的传播和交流，观众不再是被动接受作品的对象，而能够积极参与到艺术创作和表现中，与艺术家共同创造出美好的艺术作品。

（二）虚拟现实技术的应用

1. 身临其境的艺术体验

虚拟现实技术的崛起为艺术体验带来了革命性的变化，让观众能够沉浸在一个全新的艺术世界中，体验身临其境的感觉。这种技术为艺术创作提供了一种全新的表现方式，让观众不再仅局限于传统的观赏模式，而能够亲身参与到艺术作品中。

通过虚拟现实设备，观众可以穿戴"头戴式显示器"或其他设备，进入一个虚拟的艺术展览空间。在这个虚拟世界里，观众可以自由行走、观赏艺术作品，甚至与作品进行互动。例如，观众可以通过手势、声音或其他交互方式操控艺术作品的运动、颜色或形态，甚至改变整个展览的氛围和场景。这种沉浸式的体验方式打破了传统观众与作品之间的距离，使他们能够更加直接、深入地感受艺术作品所带来的情感和意义。

虚拟现实技术的应用使得艺术展览不再受限于物理空间，观众可以随时随地进入虚拟展览，尽情地探索和体验艺术作品。这种全新的展览形式不仅为观众提供了更加便捷和灵活的参观方式，还为艺术家创作出更加丰富、多样的作品提供了可能性。同时，观众在虚拟世界中的参与感和沉浸感也极大地增强了他们对艺术作品的理解和欣赏，使艺术体验更加丰富和深刻。

2. 艺术与科技的融合

虚拟现实技术的广泛应用，标志着艺术与科技之间融合的深入发展。这种技术不仅为艺术创作提供了全新的表现方式，也促进了科技与艺术之间的合作与交流，推动了创新艺术作品的诞生。

在虚拟现实技术的背景下，艺术家得以打破传统的创作限制，通过虚拟世界的呈现，创作出充满想象力和科幻感的作品。他们可以在虚拟环境中构建出与现实世界不同的景观和场景，探索未知的艺术表现形式，挖掘人类的创造力和潜能。这种全新的艺术创作方式不仅使得作品更具视觉冲击力和吸引力，也为观众提供了身临其境的艺术体验，激发了他们的想象力和创造力。

同时，虚拟现实技术的应用也推动了科技与艺术之间的跨界合作和交流。科技公司与艺术机构之间的合作越来越频繁，共同探索虚拟现实技术在艺术领域的应用。这种合作不仅促进了技术的创新和艺术的发展，也为艺术家提供了更加丰富和先进的创作工具和平台。总之，艺术家与科技工程师、程序员等跨领域专业人士之间的交流与合作，为艺术创作注入了新的活力和灵感，推动了艺术与科技融合的不断深化。

（三）新媒体艺术

1. 数字技术的创新应用

新媒体艺术的兴起标志着数字技术与艺术的深度融合，为艺术创作带来了全新的可能性与前景。这种艺术形式以互联网、计算机图形学、数字音频等数字技术为基础，以其前卫性和交互性在艺术领域掀起了一股新的浪潮。通过新媒体艺术，艺术家可以超越传统媒介的限制，创作出具有跨界性和实验性的作品，引领当代艺术的发展与变革。

在新媒体艺术中，数字技术的创新应用表现得尤为突出。通过互联网的广泛应用,艺术家可以创作出具有实时互动功能的艺术作品,使观众能够通过网络参与到艺术创作的过程中。这种互动性的艺术作品不仅打破了传统艺术作品与观众之间的单向关系,还将观众置于艺术创作的核心,激发了他们的创造力和想象力。举例来说,艺术家可以通过在线平台或社交媒体发布互动艺术项目,观众可以通过点击、评论、分享等方式参与艺术创作的过程,从而获得与艺术家直接互动的体验,共同构建出一件件富有创意和想象力的艺术作品。

此外,数字技术的创新应用还使得艺术作品具有更强的前卫性和实验性。艺术家可以利用计算机图形学、数字音频等技术手段,创作出视觉效果和音响效果极具冲击力的艺术作品,引发观众对当代科技与社会问题的反思。

2. 探索数字时代的文化表达

新媒体艺术作为数字时代的文化表达,不仅是艺术家个人情感和创意的抒发,更是对当代社会、文化、科技等多方面议题的反思和表达。这些作品在涉及数字时代的文化、社会和政治议题时,往往能够引发观众对当下社会现象和问题的深刻思考,从而产生社会意义和影响。

第一,新媒体艺术作品常常关注当代社会的种种挑战和问题,通过艺术的形式表达出对社会发展、环境保护等议题的关切和担忧。艺术家通过数字媒体的方式将这些社会议题呈现给观众,激发了观众对社会现实的反思和探讨。例如,一些新媒体艺术作品可能通过虚拟现实技术或互动装置,呈现出关于气候变化、城市化进程等现实问题的情景,引发观众对这些问题的关注和思考。

第二,新媒体艺术作品还常常涉及数字化时代文化与传统文化的碰撞与融合。随着数字技术的飞速发展,人们的生活方式、价值观念、审美趣味等都发生了深刻的变化。艺术家通过新媒体技术,将传统文化元素与数字化的艺术手段相结合,创造出富有现代感和独特魅力的作品。这种文化融合既是对传统文化的传承与发展,也是对数字时代文化特征的表达与反思。例如,一些艺术家利用数字化的绘画技术,将传统绘画风格与现代主题相结合,创作出富有历史底蕴和时代特色的作品,从而探索数字时代文化的多样性和丰富性。

第三，新媒体艺术作品还经常涉及科技对人类生活的影响以及人类与科技之间的关系。随着科技的不断进步，人类的生活方式发生了翻天覆地的变化，数字化、智能化已经成为时代的标志。艺术家通过新媒体技术，探索人类与科技的关系，反映科技发展所带来的机遇和挑战。例如，一些艺术家利用虚拟现实技术创作出关于人工智能、虚拟现实、大数据等科技议题的作品，引发观众对科技发展、人类生活、社会结构以及文化传统等方面的深刻思考。

二、工程与艺术融合

（一）工程设计与建筑艺术

在工程设计与建筑艺术的融合中，学生可以通过应用工程原理和技术，如结构设计、材料科学等，创造出独特的建筑形态和空间体验。这种融合不局限于传统的建筑设计方法，而是将工程的实用性与艺术的创造性相结合，实现了建筑的功能性、美学性和可持续性的统一。

1. 工程设计在建筑中的应用为学生提供了实践和探索的机会

通过理解和运用工程原理，学生能够设计出具有创新结构的建筑，从而实现建筑物的稳定性和美观性的统一。在建筑设计过程中，学生需要综合考虑各种因素，包括建筑功能、美学要求、结构设计等，以达到最佳的设计效果。

举例来说，在设计建筑结构时，学生可以运用结构力学、材料力学等工程原理，考虑建筑的承重力和稳定性。他们需要分析建筑物的用途和周围环境，选择合适的结构类型和材料，以确保建筑的安全性和持久性。同时，他们也可以通过创新的设计手法来展现建筑的独特性和美感，例如采用异型结构、曲线设计等方式，使建筑更具艺术性和表现力。

这种融合不仅培养了学生的设计思维和实践能力，还激发了他们对建筑艺术的兴趣和热情。通过参与建筑设计项目，学生能够深入了解建筑行业的工作流程和标准，培养解决实际问题的能力和创新思维。他们还可以与建筑师、工程师等专业人士合作，共同探讨和解决设计中的难题，从而提升团队的合作能力和沟通能力。

2. 工程设计与建筑艺术的融合推动了可持续建筑设计的发展

学生可以利用结合工程技术和原理，设计出能够降低能耗、减少环境负荷的建筑结构和材料，从而实现建筑与环境的和谐共生。这种融合为可持续建筑设计提供了新的思路和方法，为未来建筑的发展带来了新的可能性。

在实际设计过程中，学生可以运用各种工程技术和原理，来降低建筑的能源消耗和碳排放。例如，他们可以利用可再生能源如太阳能、风能等，结合节能材料和技术，设计出能够最大程度减少能源浪费的建筑结构。通过合理的建筑布局和结构设计，学生可以优化建筑的能源利用效率，减少对传统能源的依赖，从而降低建筑带来的环境负荷。

此外，学生还可以通过设计建筑的绿色空间和生态系统，促进自然生态系统与建筑环境的融合。他们可以利用绿色屋顶、雨水收集系统等技术手段，改善建筑周围的生态环境，减少对自然资源的消耗，提升建筑的环境适应性和生态友好性。这种融合不仅为建筑创新提供了新的思路和方法，还为社会可持续发展做出了积极的贡献。

（二）工程技术与雕塑艺术

在雕塑创作中，学生可以运用工程技术的原理，如 3D 打印、激光切割等，创作出具有立体感和动态效果的雕塑作品。这种融合不仅使雕塑作品更具现代感和科技感，还培养了学生对新技术的应用能力和创新意识。

1. 工程技术的应用为雕塑艺术注入了新的活力和创造性

通过采用先进的 3D 打印技术，学生在雕塑创作中获得了前所未有的创作自由和可能性。这种技术的运用不仅使雕塑作品的制作更加高效和精确，还为作者带来了全新的创作思路和表现方式。

在传统雕塑制作中，艺术家常常受到材料和工艺的限制，难以呈现复杂的结构和细致的纹理。然而，通过 3D 打印技术，学生可以轻松地实现具有各种复杂几何形状和精细纹理的雕塑作品。他们可以利用计算机辅助设计软件，将想象中的艺术形象转化为数字模型，并通过 3D 打印机将其逐层打印成实体作品。这种制作方式不仅节省了时间和人力成本，还能够实现更高精度和更丰富多样的作品形态。

举例来说，学生可以利用 3D 打印技术创作出具有复杂几何形状和细致纹理的雕塑作品，如抽象的雕塑、雕塑装置等。他们可以通过调整打印参数和材料选择，控制作品的表面光滑度和细节展现，从而实现对作品质感和视觉效果的精准控制。这种技术的应用不仅丰富了雕塑作品的形式和内容，还增强了学生对雕塑艺术的认识和理解。

2. 工程技术与雕塑艺术的结合推动了艺术作品的数字化和智能化发展

学生可以利用工程技术为雕塑作品增加交互功能、动态效果等特性，使作品更具现代感和吸引力。例如，结合传感器技术和编程知识，学生可以设计出具有触摸互动功能的雕塑作品，使观众能够参与到作品的创作和演变过程中。这种互动性的雕塑作品不仅提升了观众的参与感和体验感，还拉近了艺术家与观众之间的距离，促进了艺术的传播和交流。

3. 工程技术与雕塑艺术的融合为学生提供了创新和实践的平台

通过将工程技术与雕塑艺术相结合，学生能够在实践中探索新材料、新技术，并将其运用于雕塑创作中，从而开拓了艺术创作的可能性。

一方面，学生可以通过尝试和实践探索新材料的特性和应用。例如，他们可以利用激光切割技术、数控雕刻技术等现代工程技术，对各种材料进行加工和雕刻，从而实现对材料的创新利用。这种实践过程不仅使学生能够熟悉各种材料的特性和工艺，还激发了他们的创造力和对材料可能性的探索。

另一方面，工程技术的应用为学生提供了实践性的学习平台，使他们能够将理论知识转化为实际操作能力。通过参与雕塑创作的全过程，从设计到制作再到展示，学生不仅能够提升自己的动手能力和创造力，还能够锻炼解决问题的能力和团队合作精神。这种实践性的学习过程不仅为学生的个人发展提供了良好的平台，还为他们未来的艺术生涯奠定了坚实的基础。

（三）工程原理与艺术装置

在艺术装置的创作中，学生可以运用工程原理和技术，如机械运动、声光效果等，创造出具有创新性和互动性的艺术作品。通过结合工程原理和艺术创作，学生能够设计制作具有机械运动和光影效果的艺术装置，使观众能够参与到艺术作品的创作和演变过程中来。这种融合不仅丰富了艺术装置的形式和内容，还激发了学生对艺术创作的探索和实践的热情。

一方面，工程原理与艺术装置的融合促进了艺术作品与公共空间的融合。学生可以结合工程原理和艺术创作，设计制作具有实用功能和艺术价值的装置作品，如城市雕塑、景观装置等，为公共空间增添美感和活力。这些装置作品在城市环境中扮演着重要的角色，不仅美化城市，还可以引导人们关注城市环境和社会问题。例如，在城市环境改善项目中，学生可以运用工程原理和艺术设计，创作出能够改善城市环境、提升居民生活质量的艺术装置；设计制作具有太阳能发电功能的艺术装置，不仅可以为城市公共空间提供清洁能源，减少环境污染，还通过艺术形式向公众传达节能环保的理念，引导人们积极参与环境保护。

另一方面，工程原理与艺术装置的融合为学生提供了实践和创新的平台。学生可以通过实际操作和创作，探索工程原理在艺术装置中的应用，挖掘出更多的艺术创作可能性，并将其应用于实践。通过参与艺术装置的设计和制作过程，学生不仅可以培养动手能力和创造力，还能够锻炼解决问题的能力和团队合作精神。这种实践性的学习过程不仅丰富了学生的艺术创作经验，还为他们未来的职业发展打下了坚实的基础。

三、数学与艺术交融

（一）几何学原理与绘画艺术

1. 形状表现

几何形状作为一种独特的绘画语言在美术史上的发展是循序渐进的，从绘画中的"隐性"工具到"显性"工具，经过了众多艺术家的实践和探索，其形状样式也展现出了不一样的艺术魅力。几何形状的发展脉络大概可以归为三个阶段：几何实体形状、不规则图形、矩形。

（1）几何实体形状

在艺术表达领域，保罗·塞尚的绘画作品是里程碑式的存在，体现了早期几何形式在画布上的融合。在写给朋友埃米尔·伯纳德的一封信中，塞尚清晰地阐述了自己的方法：利用圆柱体、球体和圆锥体来构建和描绘自然，将它们视为透视处理，这些形状的每一边，以及画面中每一层次的边线都会汇聚到同一个点。这一深刻见解贯穿于他的杰作《牛奶罐和苹果》（图6-1）中，其中的布料超越了其柔软流畅的本质，被归纳为立体形状。

苹果和罐子同样被表现为圆柱或球形，脱离了光线的影响，揭示了它们内在真实的结构，利用几何实体形状进行概括。保罗·塞尚的理论影响着后来的艺术家，激发了他们在画面中运用几何形状的力量。在这些先驱中，法国立体主义画家费尔南德·莱热的创新精神尤为突出。费尔南德·莱热的作品多运用圆柱体、圆锥体和球体等几何形式，呈现出光滑而立体的几何实体。这些坚实而稳固的实体形状构成了他作品中的主要人物和物体，彻底颠覆了传统的艺术风格。他的风格奠定了立体主义的基础，成为艺术史上一场革命性运动的开端。

费尔南德·莱热的《三名妇女》（图6-2）中，画面的所有对象都被解构成了不同的几何形状，女性的肢体由平滑的立体几何实体形状构成，充满了理性和机械的美感。立体几何实体形状在之后的艺术历程中被众多艺术家运用在画面上，存在于不同的故事和风景中。

图6-1 牛奶罐和苹果
[法国]保罗·塞尚

图6-2 三名妇女
[法国]费尔南德·莱热

（2）不规则图形

在绘画领域中，几何形状的发展经历了逐步变形的过程，不仅包括立体的几何形状，还涉及平面的几何形状。这些形状作为表现对象在画面上被分解和重塑。

美国艺术家罗伯特·劳森伯格是波普艺术的代表人物之一，受到达达主义和抽象主义的影响，他的作品通过绘画和拼贴的方式打破了艺术形式的界限。这些作品通过不规则的几何形状排列和规范化，追求画面的形式感和视觉冲击力。例如，《四分之一英里画作》（图6-3）中，画面被划分为不规则的几何形状，直线和曲线共同构成各个部分，二维和三维元素相互交融，打破了艺术与生活之间的界限。

图 6-3　四分之一英里画作（局部）　[美国]罗伯特·劳森伯格

瑞士艺术家保罗·克利的作品中，几何形状更加直观明显，他致力于探索画面的不断变化，善于将不同的材料和媒介结合起来，创造出新的视觉效果。在他的作品中，几何形状是唯一不变的元素，而图像本身不断变化，不规则的几何形状排列传达着新的思考。比如他的作品《塞内西奥》（图6-4）中，少女的头部被不规则的三角形、圆形、梯形和矩形填充，五官和面部结构错位，充满了奇异和神秘的氛围。他对复杂图形规律的探索和研究充斥着画面的各个角落。

图 6-4　塞内西奥　[瑞士]保罗·克利

第六章　创意美术教育与跨学科融合

（3）矩形

随着几何形状演变至抽象艺术阶段，其内涵和本质发生了根本性的转变。绘画的主题逐渐消失，艺术家们将注意力集中在表达个人情感和理念上，将主观情感融入画面内容。这一转变也促使艺术家们对绘画进行理性分析，几何形状开始摆脱复杂的图形规则，呈现出最简洁的线条和形态，与画面所传达的理念相互融合，散发出独特的艺术魅力。

几何抽象画派先驱荷兰画家彼埃·蒙德里安画面中极致简约的矩形是他个人理念中绝对平衡的表达，《百老汇爵士乐》（图6-5）中由黑色线条和色块分隔开的大大小小的矩形，精心排列而成的架构，无一不表达着画面上的秩序感和神秘感，蒙德里安对几何形状的独特诠释进一步推动了其在绘画上的拓展。抽象派大师马克·罗斯科画面中极简的几何形状和张扬强烈的色彩感，表达了他内心复杂的情感世界，罗斯科绘画中只存在矩形色块，但是他的矩形边缘摆脱了固有的线条感，运用色彩的微妙变化来呈现其柔和、模糊不清的边缘。《无题（橙与黄）》（图6-6）由两个大小不同的矩形排列而成，矩形边缘模糊微妙，漂浮在鲜艳的底子上，这是一种形与色的相互融合，罗斯科借此来表达事物存在的状态和情感。矩形作为极简的几何形状，从绘画的主题和技术中走出来，摆脱了几何的控制，优雅而体面地表达纯粹情感。

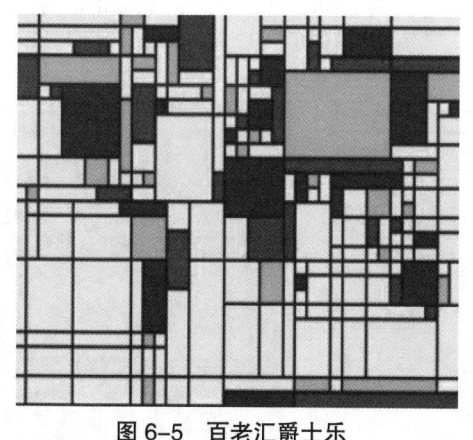

图6-5　百老汇爵士乐

[荷兰]彼埃·蒙德里安

图6-6　无题（橙与黄）

[美国]马克·罗斯科

2. 色彩表现

色彩在绘画中扮演着必不可少的角色，作为艺术语言的重要组成部分，发挥着独特的作用。在探索和表现色彩方面，我们可以从保罗·塞尚的作品中找到一些答案。他注重运用几何形状的意识来表现对象的原始形态，这种意识以几何的视角重新观察和审视物体，将自然事物的形态特征整体归纳成几何形状。他同时也受到印象派理论的影响，在处理画面的色彩和光线时具有主观的认识。与传统绘画追求自然形象不同，他更加理性地观察自然的色彩，剥离了光线对物体本身色彩的影响，注重色彩与自然形态特征的融合。

《静物苹果篮子》（图 6-7）中水果的色彩具有强烈的质感，白色的桌布与鲜艳的水果形成鲜明的对比，衬布的造型脱离了其应有的柔软感，由深色的线条构成，画面整体和谐统一，其色彩视觉的强烈刺激与画面的概括几何构成了完美的艺术效果。不同于野兽派时期的色彩张扬，立体主义时期几何形状的色彩表现逐渐柔和，立体主义追求的不是古典主义带有宗教性质的绘画意义，也不是印象主义转瞬即逝的瞬间，而是用想象思维创造出来的永恒、稳定的物体，画面高度结构化，无序中带着有序。法国立体主义画家乔治·布拉克的《葡萄牙人》（图 6-8）很明显地说明了这一点，整幅画面色彩稳重、柔和、单一，色彩跨度小，低明度的颜色充斥着各个角落，这一切都是为了线条和结构服务，弱化色彩对视觉和画面效果的冲击感，多采取单色图像描绘物体。几何形状的色彩发展到后期，色彩种类在画面中减少，颜色纯度不断提高，形成强烈对比。

图 6-7　静物苹果篮子

[法国]保罗·塞尚

图 6-8　葡萄牙人

[法国]乔治·布拉克

作为几何抽象画派的先驱者，彼埃·蒙德里安将几何形状和色彩的运用推向了极致。他认为极端抽象的终极目标是绝对平衡。在他的作品中，严谨的几何组合排列、规整的黑色线条以及精心安排的色彩共同构成了蒙德里安独特的艺术风格。在他的画面中，色彩仅限于红黄蓝三原色、黑色边线以及白底色。在《红黄蓝的构成》（图6-9）中，他运用了硬朗的黑色直线和三原色将画面分割成几何形状。通过水平和垂直线的网格布局，追求自己心目中各要素的绝对平衡和秩序感。红、黄、蓝三色在画面中分别代表着不同的意义：中性、太阳的照射和天空。

图6-9　红黄蓝的构成（局部）　[荷兰]彼埃·蒙德里安

3．空间表现

（1）隐藏的立体空间

在古典主义时代，绘画中存在着隐藏的立体空间，它运用了与几何相关的数学知识来营造三维空间。合理的构图和画面的强烈透视很大程度上依赖于数学，而几何作为数学的一个重要分支，与绘画完美地融合在一起。在绘画中，通过合理科学地利用几何特性，将二维平面转化为三维空间，营造出画面中的纵深感，给观者带来视觉上的错觉。文艺复兴时期的绘画大师达·芬奇受到了阿基米德的几何思想的启发，将数学思维融入绘画作品，形成了透视画法，这在一定程度上促使他成为技艺精湛的杰出画家。

马萨乔是较早开始探索用线性透视法描绘建筑和事物的画家之一，他的作品中明显运用了几何知识。例如，他于1427年创作的壁画《圣三位一体》（图6-10）以拱柱式的方形教堂为背景，展现了耶稣受难的场景。画面中利用长方体和直线的视觉延伸线进行分割，将教堂内部的建筑空间合理地展示在观者眼前，通过线性透视法在平坦的墙面上营造出了三维空间的视觉假象。耶稣位于画面中央，其形象由两组等腰三角形和一个等腰梯形构成，整个画面形成了完美的黄金三角形比例，等腰三角形的稳定性使得画面和人物显得平衡稳重。马萨乔的作品体现了绘画与几何的高度融合，他对绘画空间的意识进行了深入研究，这一研究奠定了他的绘画风格和艺术地位，并为后来的许多艺术家提供了借鉴。几何形状在绘画中的隐藏存在后来逐渐发展成为一种流派。

图6-10　圣三位一体 [意大利] 马萨乔

（2）多视角透视

几何形状在野兽派笔下真正开始应用在画面中，在立体主义时期得到了进一步的发展，其中利用几何形状的分割手法来概括人物和事物的外在结构，画面中充斥着几何块面的表现形式。同时在空间方面，放弃了传统绘画中的单一视点的透视法（从一个视点来观察物体和整体画面），转向多视点来观览画面，由此画面的特点从传统绘画的注重明暗、结构、透视让位给由点、线、面组成的或分散或交错叠起的几何块面，艺术家将所看到的物体从不同视角运用几何形状组合排列的手法重新整合，分布在同一个画面上，从而将画布上的时间和空间进行扭曲，呈现出空间的多维性和时间的可持续性。

立体主义的创始人巴勃罗·毕加索受到塞尚绘画中几何化静物的影响，将几何形状在画面中运用到极致。《卡恩维勒像》（图6-11）是毕加索创作于1910年的一幅肖像画，人物、背景和物品全部被解析成不同的几何块面，相互交织，你中有我、我中有你。画面中不规则的块状格子中浮现出不同角度的脸部、手部、杯子等残影，打破了传统绘画中对空间纵深的追求，画面展现出的多维空间分别表现了不同时间点和空间的卡恩维勒，空间关系极其复杂和晦涩难懂。毕加索的绘画探索脱离了物体的真实再现，发挥超自然的思维空间，构建了一个同时具有宏观和微观的世界，进一步拓展了几何形状在画面空间上的探索。

图 6-11　卡恩维勒像　[西班牙] 巴勃罗·毕加索

（二）比例关系与雕塑艺术

1. 比例关系在雕塑艺术中的历史演变

比例关系在雕塑艺术中的应用历史悠久，可以追溯至古代文明时期。古代文明时期的雕塑作品，如埃及的金字塔和古希腊的雕像，都展现了艺术家对比例关系的准确把握和运用。古代艺术家们通过对人体结构和比例美的认识和理解，创作出了许多具有永恒魅力的雕塑作品。

在意大利文艺复兴时期，比例关系的研究和应用达到了一个新的高度。文艺复兴时期的米开朗琪罗和达·芬奇等人，通过对人体结构和比例关系的深入研究，创造了许多具有力量感的雕塑作品。他们运用黄金分割法和解剖学知识来塑造人体的比例和肌肉线条，使雕塑作品更具真实感和表现力。

近现代艺术运动的发展也推动了比例关系与雕塑艺术的融合。例如，现代主义和抽象主义等艺术流派强调形式和结构的简化和抽象，艺术家们开始将比例关系作为创作的重要元素，创造出许多独具特色的抽象雕塑作品。

2. 比例关系在雕塑创作中的重要性

在雕塑创作中，比例关系起着至关重要的作用，它直接影响着作品的真实感和艺术表现力。艺术家们通过对比例关系的准确把握和运用，可以创作出更加真实和生动的雕塑作品。首先，比例关系决定了雕塑作品的整体结构和形态。艺术家们需要准确地控制作品各部分之间的比例关系，使其符合人体结构和比例美的要求。通过对比例关系的准确把握，艺术家们可以塑造出具有动态和流畅感的雕塑形象，使作品更加富有生命力和表现力。其次，比例关系影响着雕塑作品的视觉效果和观赏性。艺术家们通过运用黄金分割法和其他比例原理，可以使作品呈现出和谐平衡的视觉效果，增强观众的审美体验和艺术享受。比例关系的准确运用使得雕塑作品更具吸引力和感染力。此外，比例关系还反映了艺术家对人体结构和解剖学知识的掌握和理解。艺术家们通过对比例关系的研究和应用，不仅可以塑造出具有逼真感的雕塑形象，还可以传达出作品所要表达的主题和情感。比例关系的运用使得雕塑作品更加丰富和深刻，具有更高的艺术价值和更强的表现力。

3. 比例关系在雕塑创作中的应用技巧

在雕塑创作中，艺术家们运用各种技巧和方法来处理比例关系，使作品更加真实和生动。首先，艺术家们通过对解剖学知识的深入研究，掌握人体结构的基本比例关系。他们以对人体各个部位之间的比例的了解，准确地塑造出人体的形态和轮廓。通过对比例关系的准确把握，艺术家们能够创作出栩栩如生的雕塑作品，使观众产生强烈的视觉冲击力和情感共鸣。其次，艺术家们运用黄金分割法和其他比例原理来构图和设计作品。黄金分割法是一种常用的构图方法，通过将画面按黄金比例分割，使作品呈现出和谐平衡的视觉效果。艺术家们还可以运用其他比例原理，如等分法和对称构图等，来增强作品的美感和表现力。此外，艺术家们还可以通过变形和夸张来处理比例关系，创造出具有独特风格和表现力的作品。例如，艺术家们可以夸大人物的某些特征或部位，使作品更具戏剧性和表现力。通过对比例关系的变形和夸张，艺术家们可以打破传统的表现方式，创造出富有创意和想象力的作品。

（三）数学符号与装置艺术

1. 数学符号在装置艺术中的历史渊源

装置艺术是一种将艺术作品与特定空间结合起来的艺术形式，它常常通过具体的物体或符号来表达艺术家的创意和思想。数学符号作为一种抽象的语言，一直在装置艺术中起着重要的作用。

古代文明中，数学符号常常被用来表达宇宙的秩序和规律。例如，古代埃及人和巴比伦人利用几何图形和数学符号来构建金字塔和神庙等宏伟建筑，体现了他们对宇宙秩序的理解和尊重。

在意大利文艺复兴时期，数学符号成为艺术家们表达思想和情感的重要工具。文艺复兴时期的艺术家如达·芬奇和米开朗琪罗等人，通过对数学符号的运用，创作出了许多具有深度和内涵的艺术作品。他们将数学符号融入绘画和雕塑，使作品更具有智慧性和神秘感。

近现代装置艺术的发展进一步推动了数学符号在艺术中的应用。20世纪的一些艺术家如马列维奇和毕加索等人，通过对数学符号的重新解读和运用，创作出了许多具有前卫和激进风格的装置艺术作品。他们将数学符号作为表达思想和情感的工具，引领了装置艺术的新潮流。

2. 数学符号在装置艺术中的意义和价值

数学符号在装置艺术中具有重要的意义和价值，它不仅丰富了艺术作品的表现形式，还拓展了观众对艺术的理解和体验。首先，数学符号为艺术家提供了丰富的表达手段和创作空间。艺术家们可以通过运用数学符号来表达抽象的概念和情感，创作出具有深层次意义的装置艺术作品。数学符号的抽象性和多样性使得艺术作品更具有开放性，可以引发观众的思考和探索。其次，数学符号使得装置艺术作品更具有科学性和智慧性。艺术家们通过对数学符号的运用，可以探索自然规律和宇宙秩序，使作品呈现出科学的精神和智慧的深度。观众通过欣赏装置艺术作品，不仅可以感受到艺术家的创意和想象力，还可以增强对科学知识和数学原理的认识和理解，丰富了艺术与科学的交叉对话。此外，数学符号在装置艺术中还具有美学上的价值。艺术家们通过对数学符号的运用，创造出了许多具有美感和审美价值的装置艺术作品。数学符号的几何形态和抽象结构，常常能够引发观众的视觉享受和审美体验，使作品更具有吸引力和表现力。

3. 数学符号在装置艺术中的创作技巧

在装置艺术的创作中，艺术家们运用各种技巧和方法来处理数学符号，使作品更加丰富和深刻。首先，艺术家们通过对数学符号的重新解读和构造，创造出具有独特风格和表现力的作品。例如，艺术家们将数学符号进行变形，使其呈现出丰富多样的形态和结构。通过对数学符号的重新构造，艺术家们打破了传统的表现方式，创造出富有创意和想象力的装置艺术作品。其次，艺术家们通过对数学符号的组合和拼接，创造出具有复杂结构和深层次意义的作品。艺术家们将不同的数学符号组合在一起，形成新的图案和形态，从而表达出丰富多样的主题和情感。再次，艺术家们还通过对数学符号的投影和映射，创造出具有立体感和空间感的作品。艺术家们利用投影技术和光影效果，将数学符号投射在不同的表面上，形成立体的视觉效果，增强作品的空间感，创造出了富有动态和变化的装置艺术作品，吸引了观众的目光。

第二节　探索创意美术教育与其他学科合作的新模式与实践案例

一、项目式合作

1. 创意美术与历史学科的跨学科展览项目

在创意美术教育与历史学科的合作中，跨学科展览项目成为一种有效的实践方式。这样的项目旨在通过合作策划、设计和展示一场历史主题的艺术展览,将创意美术的技能与历史学科的知识相结合,促进学生的综合素养和团队合作能力的提升。首先,学生可以选择某个具有代表性的历史时期或事件作为展览主题。例如,可以选择古希腊文明时期、文艺复兴时期等不同文明时期或世界大战这样的历史事件作为创作的素材和灵感来源。其次,可以利用多种创意媒介,如绘画、雕塑、摄影等,来表达对历史事件的理解和想象。可以通过不同的艺术形式,呈现出历史事件中的场景、人物、文化符号等元素,从而使观众更加生动地感受到历史的魅力。最后,通过展览的布局、展品的解说等方式,学生可以将历史事件的背景、文化内涵与艺术作品相结合,使观众更加深入地了解历史,并感受到艺术的力量。可以通过文字、图片、视频等多种展示手段,向观众介绍展品背后的历史背景、创作意图和艺术表现形式,从而加深观众对历史与艺术的理解和认识。

2. 创意美术与文学学科的跨学科故事创作项目

创意美术教育与文学学科的合作也可以通过跨学科故事创作项目展开。这样的项目旨在通过共同探索文学作品的情节、人物与场景,以及通过绘画、插画、手工制作等形式来呈现故事的场景、人物形象和情节发展,从而促进学生的创意表达能力和跨学科学习能力的提升。首先,学生可以选择某个经典文学作品或自己感兴趣的文学作品作为创作的素材。例如,可以选择《哈利·波特》《红楼梦》《百年孤独》等文学作品,通过阅读和研究,深入理解故事情节、人物性格和场景描写。其次,可以根据文学作品中的情节、人物与场景,利用视觉艺术语言来表达故事的情感和内涵。可以通过绘画、插画、手工制作等形式,将文学作品中的场景、人物形象和情节发展进行再现和重构,从而创作出富有想象力和创意的艺术作品。最后,通过展览、讲座等形式,与其他同学和教师分享创作心得和体会,以及对文学作品的理解和解读。这样的跨学科故事创作项目不仅可以促进学生对文学作品的深入理解和感悟,还可以培养学生的创造力、想象力和表达能力,从而丰富他们的艺术修养和文化素养,为他们未来的学习和生活打下坚实的基础。

二、课程整合

(一)绘画课程中的数学原理教学

在绘画课程中,融入数学原理的教学内容是一种创新的教育方式,旨在帮助学生更好地理解绘画中的几何图形构图方法和透视原理,从而提升其绘画技能和美术素养。

1. 透视原理的教学

在绘画课程中,透视原理的教学是至关重要的,因为它涉及物体在空间中的视觉效果,对于绘画创作具有深远的影响。透视原理可以帮助学生准确地表现出物体在空间中的远近关系,从而使画面具有立体感和层次感。

透视原理的教学首先需要让学生了解透视线的概念及其在绘画中的作用。透视线是一种特殊的线条,在绘画中被用来构建画面,帮助观众感知到物体的远近。通过绘制透视图和透视投影,学生可以更好地理解透视关系的规律,并将其运用到实际的绘画创作中。透视原理的教学不仅是为了让学生掌握技术,更重要的是培养他们的观察力和空间想象力。

通过透视原理的学习,学生可以逐渐掌握如何利用透视线来构建画面,使画面更加立体和生动。他们可以通过观察和练习,逐渐提高对物体远近关系的把握能力,从而在绘画创作中创造出更加具有空间感和立体感的作品。

2. 几何图形构图方法的教学

在绘画创作中,画面的构图是至关重要的,而几何图形构图方法则是构图过程中的重要一环。通过学习几何图形的基本特征和构图原则,学生可以学会如何利用几何形状来设计画面结构,从而使作品更具有层次感和美感。

几何图形构图方法的教学首先需要让学生了解几何图形的基本特征,例如对称性、比例关系和分割比例等。这些特征在构图中起着重要的作用,能够帮助学生构建具有结构性和美感的画面。通过对这些特征的理解和掌握,学生可以更好地运用几何图形来组织画面,使作品更加有条理和统一。

其次,教学过程中需要引导学生探索几何图形在构图中的应用。学生可以通过分析和实践,逐渐掌握如何运用几何图形来设计画面结构。可以尝试不同的构图方式,比如利用对称性来构造平衡的画面,利用比例关系来调整画面的视觉效果,以及利用分割比例来创造层次感。通过实际操作和反复练习,学生可以逐渐提升自己的构图能力,培养自己的审美观和创造力。

通过探索和实践,学生可以发现几何图形在构图中的多样表现方式,从而为今后的艺术创作提供了多样的表现方式和创作思路。

3. 数学原理与艺术的结合

在绘画课程中，融合数学原理的教学是一种旨在将两者有机结合的创新尝试。这一教学方法不仅是单纯地将数学知识引入艺术领域，更是为了激发学生对艺术创作的新思维和新方式。首先，数学原理的引入有助于学生更深入地理解绘画中的基本规律和技巧。通过学习透视原理、几何图形构图方法等数学原理，学生可以更准确地把握画面的空间感和结构，使作品更具有立体感和层次感。例如，透视原理可以帮助学生掌握物体在空间中的远近关系，而几何图形构图方法则可以帮助学生设计画面的布局和结构，使其更加有条理和美感。其次，数学原理为学生提供了一种新的思维方式和创作方法。在绘画创作中，学生可以运用数学的思维方式进行思考和表达，从而开拓创作思路。例如，通过运用数学的逻辑和推理，学生可以更系统地构思作品的结构和组织，使其更加严谨和精确。同时，数学原理还可以激发学生的创造力和想象力，帮助他们发现绘画中的无限可能性。

（二）雕塑课程中的工程设计原理教学

1. 雕塑制作的结构原理

学生在学习雕塑制作的结构原理时，不仅需要理解材料的特性和技术方法，还需要深入思考作品的设计理念和表现方式。雕塑作品的结构稳定性和坚固性是其成功的关键因素之一，而这一点与选用的材料、设计的构思密切相关。

第一，学生需要了解不同材料的特性和用途，以及它们在雕塑制作中的应用范围。例如，石膏作为一种常用的雕塑材料，具有易塑性和廉价的特点，适合用于制作小型雕塑或雕塑模型。然而，对于需要长时间保存或户外展示的作品，金属可能更为适合，因为它具有较高的耐久性和抗风化能力。在选择材料时，学生需要考虑到作品的用途、展示环境以及自身的技术水平，以确保最终作品的质量和效果。

第二，学生需要学习雕塑制作的基本技巧和方法，包括模型制作、模具制作、组装和修饰等。在实际操作中，学生可以通过制作雕塑模型来构思作品的整体结构和形态。例如，通过对模型进行多次修改和调整，可以找到最合适的构图和比例关系，从而确保作品的视觉效果和空间感。同时，还需要掌握模具制作的技术，以便在需要时进行作品的复制和批量生产。通过这些基本技巧的训练，学生可以逐步提升自己的雕塑制作能力，从而实现对作品更加精准和自如的控制。

2. 材料选择方法

通过学习材料选择方法，学生不仅可以掌握雕塑制作所需的基本技能，还可以培养材料认知能力和创作思维。材料的选择对于雕塑作品的最终效果至关重要，因此需要深入了解不同材料的特性、优缺点以及适用范围。

第一，需要了解不同材料的特性。例如陶土具有耐高温、可塑性强的特点，适合用于制作具有立体感和细腻表现的雕塑作品。而像前文所描述的，石膏质地轻，易加工，适合用于制作小型雕塑或雕塑模型。通过对不同材料的特性进行了解，学生可以根据作品的需求和设计理念来选择最合适的材料。

第二，学生需要学习如何根据作品的需求和要求来选择最合适的材料。在实际操作和实验中，可以通过对不同材料进行试验和比较，以确定最适合自己作品的材料。例如，学生如果需要制作一件轻巧而具有精细表现的雕塑作品，那么石膏可能是一个好的选择；而如果希望制作一件经久耐用且能够承受高温的雕塑作品，那么陶土可能更为合适。通过这样的实践和实验，学生不仅可以了解到不同材料的加工和处理方法，还可以掌握如何处理和保养雕塑作品，以确保作品的质量和持久性。

第三节　跨学科融合对学生综合能力培养的影响与意义

一、拓展思维空间

跨学科融合不仅是学科间的简单结合，更是一种思维的碰撞与交流。在这个时代，知识的边界逐渐模糊，跨学科思维的重要性愈加凸显。因此，拓展学生的思维空间，促进跨学科思维和创新能力的形成，是当下教育的一项重要任务。

（一）拓宽学科视野

1. 跨学科项目的涵盖范围

传统的学科教育往往将知识划分为不同的学科领域，强调各自的专业性和独立性，但现实生活中的问题往往是复杂多样的，需要跨越学科的界限进行综合解决。跨学科项目的涵盖范围通常包括自然科学、工程技术、社会科学、艺术与人文等多个领域，涉及的知识和技能十分广泛。

举例来说，在一个跨学科项目中，可能需要涉及生物学、工程学和艺术设计等多个领域的知识。比如，一个关于城市可持续发展的项目可能涉及城市规划、环境科学、社会学、经济学、设计学等多个学科领域的知识。在这样的项目中，学生需要了解城市生态系统的运作原理、城市规划的理论与实践、人口流动对城市发展的影响、城市建筑设计的美学与功能等方面的知识。通过跨学科的学习和合作，学生可以从不同角度全面地理解城市可持续发展的问题，提出更具创新性和可行性的解决方案。

这种全面性的学科涵盖不仅拓宽了学生的知识面，还让他们意识到不同学科之间的联系和相互影响。学生可以从跨学科项目中学习到各个学科的专业知识和方法，了解到不同学科之间的交叉点和共同点。通过这样的学习体验，学生可以逐渐摆脱传统学科壁垒的束缚，形成更加综合和开放的学科视野，从而能够更好地理解和解决现实生活中的复杂问题，为未来的学术研究和职业发展打下坚实的基础。

2. 跨学科视野的拓展

跨学科视野的拓展是跨学科融合教育的核心目标之一，其重要性不可低估。通过参与跨学科项目，学生不再局限于单一学科的视角，而是能够从多个学科角度审视问题，从而获得更全面、更深入的认知。

传统的学科教育往往使学生陷入"专业化"思维的窠臼，导致他们只关注自己专业领域的知识，而忽视了其他学科的重要性。然而，在跨学科艺术与科技项目中，学生需要了解科技的原理、艺术的美学以及工程的实践，这种多元化的学科视野拓展，为学生提供了更广阔的认知空间。他们不仅能够看到问题的不同侧面，还能够将不同学科的知识和方法有机地结合起来，产生创新性的思考和解决方案。

跨学科融合教育不仅传递知识，更培养学生的综合思维能力和跨学科交叉应用能力。通过将科技、艺术和工程等学科领域相互融合，学生不仅可以拓宽自己的学科视野，还可以提升自己的综合性认知水平。这种综合性的认知不仅有助于学生更好地理解现实生活中的复杂问题，还能够培养他们解决问题的能力。

3. 跳出学科束缚的能力

传统的学科分类常常在一定程度上限制了学生的思维，使他们陷入了狭隘的学科观念中。然而，跨学科融合教育的出现为学生提供了跳出这种束缚的机会和平台。在跨学科项目中，学生不再受到单一学科的局限，而是被鼓励从跨学科的角度去审视问题，探索问题的本质和复杂性。

跨学科项目的特点是将不同学科领域的知识和方法相互融合，让学生从多个学科的角度去解决问题。这种综合性的思维方式使得学生能够跳出传统学科的束缚，从而更全面地理解问题。例如，一个涉及环境污染的跨学科项目可能需要学生结合化学、生物学、环境科学等多个学科的知识，从不同角度探讨污染问题，并提出综合性的解决方案。

跨学科融合教育的实践证明，学生通过参与跨学科项目，能够培养出灵活应对复杂情境的能力。他们不再被单一学科所局限，而是具备了更广阔的视野和更丰富的思维方式，能够在面对复杂的现实问题时，提出更全面、更创新的解决方案。

这种能力的培养对学生的未来发展具有重要意义。在现实生活和职业领域中，跨学科思维和综合性能力越来越受到重视。跨学科融合教育使学生成为能够跨越学科界限、应对多元化挑战的综合型人才，为他们未来的学术和职业发展奠定了坚实的基础。

（二）激发解决问题的能力

1. 面对复杂问题的挑战

现实生活中的问题往往是多方面、多层次的，单一学科的知识和方法往往无法全面解决这些复杂问题。因此，跨学科融合教育强调学生跨越学科边界，综合运用各个学科的知识和方法来解决现实问题。

一个典型的例子是在生态保护项目中，学生可能需要面对各种涉及生态系统、资源管理、政策制定等方面的复杂问题。这些问题涉及生物学、地理学、环境科学、社会学等多个学科领域，需要学生跨越学科的边界，综合运用各个学科的知识和技能进行分析和解决。

跨学科融合教育的特点在于不同学科的知识和方法相互交叉融合，使学生能够从不同的角度去审视问题，提出更全面、更有效的解决方案。通过与其他学科的合作，学生能够接触到不同领域的知识，拓宽自己的视野，增强自己的综合素养。

此外，跨学科融合教育也提高了学生解决问题的能力。面对复杂问题，学生需要调动多学科的知识和技能，在思维方式上也需要跳出传统学科的限制，这有助于培养学生的创新思维和解决问题的能力。

2. 思维方式的转变

跨学科融合教育通过跨越学科的边界，引导学生从传统的单一学科思维转变为跨学科思维，这对于学生的思维方式和解决问题的能力都产生了深远的影响。首先，跨学科融合培养了学生的综合思维能力。学生从单一学科的思维方式中解放出来，能够更加灵活地运用不同学科的知识和方法来解决问题。这种综合思维能力使得学生能够更全面地审视问题，并提出更具创新性和有效性的解决方案。例如，在一个跨学科创意设计项目中，学生需要结合艺术美学、工程技术和市场营销等方面的知识，才能提出满足市场需求的创新设计方案。其次，跨学科思维的转变也增强了学生解决问题的能力。面对复杂的现实问题，传统的单一学科思维往往无法完全覆盖问题的各个方面。通过跨学科融合，学生能够从多个学科的角度去审视问题，提出更全面、更有效的解决方案。这种解决问题的能力不仅在学术领域具有重要意义，也对学生未来的职业发展具有重要价值。最后，跨学科思维的培养还促进了学生的创新能力。传统的单一学科思维往往会限制学生的思维创新，而跨学科思维则能够激发学生的创新意识和创造力。通过对跨学科项目的参与，学生能够接触到不同学科领域的知识和方法，从而激发出新的思路和想法，产生创新性的解决方案。

3. 综合思维能力的培养

跨学科融合所强调的综合思维能力是一种深入理解和处理复杂问题的能力，它超越了单一学科的局限，使学生能够从多个角度全面思考和分析问题，并提出综合性的解决方案。这种能力不是简单地将不同学科的知识进行堆砌，而是能够将这些知识有机地融合，以应对现实世界中充满挑战和变化的复杂问题。第一，跨学科融合通过项目化的学习和实践，为学生提供了一个探索和解决实际问题的平台。在这些项目中，学生往往需要考虑来自不同学科领域的知识和技能，并将它们整合在一起，以找到最佳的解决方案。例如，在跨学科城市规划项目中，学生需要综合考虑城市的经济、社会、环境等多方面的因素，从而提出可行的城市规划方案。通过这样的实践，学生不仅深入了解了各个学科领域的知识，还培养了将这些知识有机结合起来解决问题的能力。第二，跨学科融合强调学生在团队中合作解决问题的能力。在跨学科团队中，成员们往往具有不同的专业背景和技能，需要相互协作、交流和共同努力。通过与其他学科的学生合作，能够从不同的角度获取信息和观点，促进综合思维的形成和发展。这种团队合作的方式不仅有助于学生更好地理解和解决问题，还培养了他们的团队合作精神和沟通能力。第三，跨学科融合还激发了学生的创新意识和创造力。在解决复杂问题的过程中，学生常常需要寻找新的思路和方法，提出创新性的解决方案。跨学科的综合思维能力使得学生能够将不同学科领域的知识和技能进行有机结合，从而产生出更具创新性和实用性的想法和方案。这种创新能力不仅在学术研究中具有重要意义，也对学生未来的职业发展具有重要价值。

（三）适应未来社会与工作需求

1. 应对复杂多变的社会环境

传统的单一学科教育在培养学生时，限制了他们的视野和能力，而跨学科融合则为应对这种挑战提供了有效途径。跨学科融合教育不是将不同学科的知识进行简单堆砌，而是培养学生跨学科思维和创新的能力，使他们能够更好地适应未来社会的复杂环境。首先，跨学科融合教育通过打破学科界限，为学生提供了跨越学科界限的学习机会。在这种教育模式下，学生不再受限于单一学科的知识和思维模式，而是能够从多个学科角度思考问题，理解问题的全貌和本质。例如，一个涉及社会问题的跨学科项目可能需要学生结合社会学、心理学、政治学等多个学科的知识来分析和解决，这种综合性的学科视角有助于学生更全面地理解社会现象和问题的本质。其次，跨学科融合教育培养了学生的跨学科思维和创新能力。在跨学科项目中，学生需要不断地将不同学科的知识和方法进行整合，提出新颖的解决方案。这种综合性思维和创新能力使得学生能够更好地适应未来社会和工作环境中的复杂性和变化性。例如，一个跨学科创新项目可能需要学生结合科学、工程、商业等多个领域的知识，提出创新性的产品或解决方案，这种跨学科的思维和创新能力有助于学生在未来的职业生涯中脱颖而出。

2. 跨学科思维的重要性

在当前信息爆炸的时代，知识更新速度加快，单一学科的知识已经不能充分应对日益复杂的挑战和问题。跨学科融合教育为学生提供了一种跳出单一学科束缚的途径，使他们能够将不同学科的知识和方法有机地结合起来，形成更为综合及全面的解决方案。

跨学科思维能力的重要性体现在多个方面。首先，它提高了学生解决问题的能力。面对复杂的现实问题，单一学科的知识和方法往往无法提供全面的解决方案。而跨学科思维能够帮助学生从多角度出发，全面分析问题，提出更为有效的解决方案。例如，在一个跨学科可持续发展项目中，学生可能需要结合经济学、环境科学、社会学等多学科知识，提出符合社会、经济和环境可持续发展的方案。其次，跨学科思维同时也培养了学生的创新能力。由于跨学科思维能够将不同学科的知识和方法进行有机结合，因此往往能够产生更具创新性的解决方案。学生在跨学科项目的合作与交流过程中，不断接触到来自不同学科领域的新思想和新方法，从而激发了他们的创造力和创新意识。例如，在一个跨学科的科技创业项目中，学生需要结合工程技术、市场营销、法律等多个领域的知识，提出创新性的产品或服务，满足市场需求。此外，跨学科思维还培养了学生的适应能力。跨学科思维能够帮助学生更好地理解和解决多样化的问题，使他们更具备适应未来社会和工作环境的能力。随着社会的不断发展和变化，具备跨学科思维能力的人才日益受到青睐。他们能够更灵活地适应各种复杂的情境和挑战，为自身的职业发展和社会进步做出积极贡献。

3. 综合能力的需求

传统的单一学科教育虽然有助于学生掌握特定领域的专业知识，但面对现实生活中错综复杂的问题时，仅仅依靠专业知识往往难以有效解决。因此，跨学科融合教育应运而生，通过将不同学科的知识和技能有机结合，培养了学生的综合素养和跨学科思维能力，使他们能够全面理解和解决问题。

在跨学科项目中，学生面临着各种复杂的现实问题，这些问题往往涉及多个学科领域。这种综合性的学科涵盖不仅拓宽了学生的知识面，也让他们了解到不同学科之间的联系和相互影响，进而拓宽了他们的学科视野。

跨学科项目要求学生综合运用不同学科的知识和技能，解决复杂的现实问题。这种综合能力的培养使他们能够胜任未来社会和工作中的各种角色并完成任务。在跨学科合作中，学生学会了如何有效地与他人合作，从而更好地解决问题。此外，通过与其他学科的学生合作，他们还能够从不同的角度思考问题，提出更为全面和有效的解决方案，从而提升综合素养和解决问题的能力。

总之，综合能力的培养不仅使学生能够胜任未来社会和工作中的各种角色，还培养了他们的创新能力和适应能力。在跨学科项目中，学生通过与他人的合作和交流，不断接触到来自不同学科领域的新思想和新方法，从而激发他们的创造力和创新意识。这种创新能力的培养使他们能够在解决问题的过程中提出新的思路和方法，从而更好地适应未来社会和工作开展的需要。

二、提升综合素养

（一）综合运用多学科知识

1. 跨学科融合的知识综合性

跨学科融合的知识综合性是当今教育领域中备受推崇的重要概念之一。它不仅扩展了学生的知识面，还促进了综合素养的提升，从而为其未来的学习和工作打下了坚实的基础。

在跨学科项目中，学生往往需要跨越艺术、科技、工程、数学等多个学科的界限，运用各自领域的知识与技能，共同探索和解决具体问题。举例而言，在一个环境保护项目中，学生可能需要同时涉及生态学、地理学、政策学等多个领域的知识，以制定全面的环境保护方案。这种综合运用多学科知识的经历使学生能够跳出单一学科的局限，拓宽视野，从而更全面地理解问题的本质和复杂性。

跨学科融合使学生不是被动地吸收知识，而是积极地运用所学知识，这培养了他们综合思维和创新的能力。这种综合性的学科涵盖不仅让学生了解到不同学科之间的联系和相互影响，也为他们提供了探索问题的更多可能性。在这个过程中，学生不断地与其他学科的知识相互交叉，形成了更加丰富和立体的认知结构，从而更有能力提出创新性的解决方案。

综合运用多学科知识的经历还有助于提升学生的综合素养。跨学科合作培养了学生的批判性思维、创造力和解决问题的能力，让他们在面对复杂问题时能够更加从容地应对。这种综合素养不仅在学术领域具有重要意义，也为学生未来的职业发展奠定了坚实的基础。通过将不同学科的知识相互结合，学生不仅能够更全面地理解问题，还能够更有效地应用所学知识，为社会的发展和进步贡献自己的力量。

2. 全面发展个人能力

传统的学科教育往往着重培养学生在特定领域的专业性，将其塑造成狭义的"专家"。然而，随着社会的不断发展和变革，单一学科的专业知识往往难以解决复杂问题，跨学科融合教育的出现填补了这一空白，使得学生不再受限于单一学科，而是能够全面发展个人能力。

通过参与跨学科项目，学生有机会涉足多个学科领域，从而获取广泛的知识，提升自身的综合素养。这种综合素养不仅包括专业知识，还包括批判性思维、创新能力、沟通技巧能力等。在跨学科项目中，学生需要不断学习新的知识，探索并运用其他学科的基本原理和方法，从而形成更为全面和综合的能力。

这种全面发展个人能力的经历使学生不再受限于单一学科的范畴，而是具备了更广阔的视野和更灵活的思维方式。跨学科项目的参与促使学生形成更为综合及全面的能力，从而为他们未来的发展提供了更加广阔的空间和更多的选择。总之，不论是在学术领域还是职业领域，具备综合素养和跨学科能力的个人都能够更好地应对未来的挑战，取得更为显著的成就。

3. 综合素养的提升

跨学科合作的核心在于将不同学科领域的知识有机地结合起来，以应对现实世界中的复杂问题。这种合作模式不仅要求学生具备扎实的专业知识，更需要他们具备跨学科思维和综合素养，从而能够创造性地应用这些知识解决问题。通过参与跨学科项目，学生得到了提升综合素养的重要机会，这对他们的创造力和创新能力产生了显著的影响。

在跨学科合作的过程中,学生不仅需要深入了解每个学科的基本原理和方法,还需要具备能够将这些知识融合运用的能力。通过跨学科合作,学生学会了将不同学科领域的知识相互交叉,形成新的思维模式和解决问题的方法。这种创新性的综合运用多学科知识的经历,极大地提升了学生的综合素养。

总之,综合素养的提升不仅体现在学术研究和实践创新中,更对学生的未来工作和生活具有重要意义。具备了综合素养的学生不仅能够更好地适应不断变化的社会环境,还能够在竞争激烈的职场中脱颖而出。他们能够运用所学知识和技能,迅速解决复杂问题,并提出具有前瞻性和创造性的解决方案,从而在工作中展现出更高的竞争力和适应能力。

(二)解决复杂问题的能力

1. 面对现实问题的挑战

跨学科项目所面临的现实问题往往具有复杂性和多样性,需要学生跨越学科边界,综合运用多个学科的知识和技能来解决。这种挑战不仅考验学生的学术水平,更重要的是考验他们的跨学科合作能力和解决问题的能力。以城市规划项目为例,这样的项目涉及城市发展的多个方面,包括经济、社会、环境等因素,而要制定出合理可行的城市规划方案,则需要学生运用不同学科的知识和技能共同协作完成。

在这样的项目中,学生需要深入了解城市规划的基本原理和方法,同时还需要了解经济学、社会学、环境科学等相关学科的知识。只有将这些不同学科的知识有机地结合起来,才能够全面地分析和解决城市发展中所面临的复杂问题。例如,可能需要考虑城市经济的发展趋势、社会文化的变迁、环境资源的利用与保护等方面,综合考量各种因素,制定出既能促进城市经济发展又能保护环境资源的城市规划方案。

这种现实问题的挑战,不仅要求学生具备扎实的专业知识,还需要他们具备团队合作、沟通协调、解决问题等跨学科能力。只有通过跨学科合作,共同思考和解决问题,才能更好地应对现实生活中的复杂挑战。因此,跨学科项目为学生提供了一个宝贵的机会,让他们在实践中不断提升自己的能力，为未来的学习和工作做好充分的准备。

2. 综合解决问题的能力

在跨学科项目中，学生需要与来自不同学科背景的同学合作，从多个角度思考问题，通过集思广益的方式提出更为全面和有效的解决方案。

以可持续发展项目为例，这类项目通常涉及环境、经济、社会等多个方面，因此需要学生跨越不同学科的边界，综合运用环境科学、经济学、政策学等学科知识。学生可能需要分析环境资源的利用与保护问题，同时考虑到经济发展的可持续性和社会公平性，制定出能够在各个方面取得平衡的方案。

这种综合解决问题的能力对学生的综合素养和实践能力提出了更高的要求。通过与不同学科的同学合作，学生不仅能够加深对自己专业领域的理解，还能够学习到其他学科领域的知识和方法，拓宽自己的视野。这种综合解决问题的经历不仅能够为学生未来的学习和职业发展打下坚实的基础，还能够培养他们解决复杂问题的能力和应对挑战的勇气，为他们未来的发展奠定良好的基础。

（三）培养实践能力与创新能力

1. 跨学科项目的实践性

跨学科合作注重实践能力的培养，不仅要求学生掌握理论知识，更强调将知识应用到解决实际问题中去。在跨学科项目中，学生需要通过实际操作和探索，将学到的知识与技能应用到真实场景中，解决实际问题。例如，在一个关于环境保护的可持续发展项目中，学生需要通过实地调研、数据分析等方式，提出可行的环境保护方案，并亲自参与实施和评估。这种实践性的学习经历，能够培养学生的实践能力，使他们能够独立思考、分析问题，并提出有效的解决方案。

2. 创新思维的激发

跨学科合作不仅提供了学科交叉的平台，还促进了学生创新思维的形成。在与其他学科的学生合作的过程中，学生不仅能够接触到不同学科的知识和理念，还能够分享彼此的观点和经验，从而激发出新的创意和想法。

3. 对未来发展的影响

实践能力和创新能力是未来社会和工作中最重要的能力之一。跨学科合作培养了学生的实践能力和创新能力，使他们能够在未来社会和工作中更加游刃有余。在不断变化的社会环境中，能够将理论知识与实际操作相结合，并具备创新思维的人才将更具竞争力。跨学科合作培养的实践能力使学生能够在复杂的环境中迅速适应和应对挑战，而创新能力则使他们能够在竞争中脱颖而出，为社会的发展作出更大的贡献。

三、培养团队合作意识

（一）团队合作与协同配合

1. 跨学科项目的协作需求

跨学科项目合作是一项需要学生之间密切合作和协同配合的任务。无论学生来自何种专业背景，他们都需要共同努力、相互协作，以完成项目的各个环节。这种合作不是简单地将任务分工后各自完成，而是需要学生们相互之间进行有效的沟通、协商和协调，以确保项目能够顺利进行并达到预期的目标。在跨学科项目中，学生可能拥有不同的专业知识和技能，因此需要团队成员之间进行知识交流和共享，以利用各自的优势，克服项目中的难题。此外，团队成员还需要相互理解和尊重，接受不同专业背景下的观点和建议，以促进团队合作顺利。跨学科项目的合作与协同配合经历不仅能够培养学生的团队合作意识和沟通能力，还能够锻炼他们解决问题的能力和应对挑战的勇气。因此，这种合作模式在跨学科教育中具有重要意义，能够为学生提供全面发展的机会，促进他们在未来的学术和职业生涯中取得更大的成就。

2. 团队合作的重要性

在跨学科项目中，团队合作的重要性不言而喻。每位团队成员所拥有的专业知识和技能都是项目成功的关键因素。在面对复杂的任务和问题时，单一成员往往无法胜任，需要整个团队的协力合作。通过团队合作，学生不仅能够将自己的专长充分发挥出来，还能够从其他成员的经验和知识中学习到新的东西。这种互相学习和交流的过程不仅丰富了个人的知识储备，也拓宽了视野，促进了个人的全面发展。而团队合作也是培养学生团队合作意识的重要途径。在团队合作的过程中，学生需要学会倾听和尊重他人的意见，学会与他人合作、协商和共同解决问题。这种团队合作意识的培养不仅对于项目的顺利进行至关重要，也是学生在未来社会和工作中必不可少的素养之一。因此，跨学科项目中的团队合作不仅是为了项目的达成，更是为了实现学生的个人成长和综合能力的提升。

3. 团队合作的价值

跨学科团队合作所蕴含的价值远不止于完成一个项目，而是在培养学生的综合素养和团队合作能力上具有深远的意义。通过参与团队合作，学生不仅能够获得完成项目所需的技能和知识，更能够在合作的过程中获得宝贵的成长和体验。

第一，团队合作培养了学生的综合素养。在跨学科项目中，学生需要综合运用各自所学的知识和技能，以解决复杂的问题。这种综合运用多学科知识的经历，丰富了学生的知识储备，拓宽了他们的学科视野，提升了他们的综合素养。通过与其他学科的学生合作，学生不仅能够了解其他学科的知识和方法，还能够学会如何将不同学科的知识有机地结合起来，为解决现实问题提供更全面、更有效的解决方案。

第二，团队合作培养了学生的团队合作能力。在团队合作的过程中，学生学会了如何有效地与他人合作、如何分工合作，以及如何协调团队成员之间的关系。学生需要学会倾听和尊重他人的意见，学会与团队成员协商解决问题，学会克服团队合作中可能出现的困难和挑战。这种团队合作能力的培养不仅对于项目的顺利进行至关重要，也是学生在未来职业发展和社会生活中必备的能力之一。在职场中，团队合作能力是成功的关键因素之一，能够帮助个人更好地与他人合作、共同完成任务，提升团队整体的绩效和效率。在社会生活中，团队合作能力也能够帮助个人更好地融入团体，与他人和睦相处，实现共同目标。

（二）沟通能力的培养

1. 跨学科团队的沟通需求

跨学科团队的成员可能来自不同的学科背景，拥有各自领域的专业术语、知识和思维方式。因此，要实现团队的协同合作和项目目标的达成，学生需要不断地进行沟通和交流。首先，跨学科团队的成员需要充分了解彼此的专业术语和专业知识。在团队合作的过程中，可能会涉及多个学科领域的知识，因此成员了解彼此专业术语的含义对于沟通是至关重要的。通过互相交流，成员间可以相互说明专业术语的含义，避免沟通上的误解，确保信息传递的准确性。其次，跨学科团队的成员需要学会倾听和尊重他人的意见和观点。由于成员们具有不同的专业背景和经验，因此他们的观点和想法可能会有所不同。在团队合作中，倾听他人的意见是建立信任和良好合作关系的关键。每位成员需要学会接受和尊重其他成员的意见，积极思考并与团队其他成员进行讨论和交流，以达成共识。另外，有效的沟通还需要团队成员之间建立良好的沟通渠道和机制。可以通过定期举行会议、使用即时通信工具、创建共享文档等方式，促进成员之间的信息交流和沟通。同时，团队成员还可以明确沟通的目的、内容和方式，以确保沟通的高效性和有效性。

2. 沟通能力的提升

在跨学科团队中，来自不同学科背景的团队成员可能拥有不同的专业术语、知识和思维方式。因此，学生需要学会清晰地表达自己的想法和意见，同时也需要学会倾听和尊重他人的意见。

第一，跨学科合作促使学生提升自己的表达能力。在团队合作的过程中，学生需要将自己的想法和观点清晰地传达给团队其他成员，以确保团队其他成员能够理解和接受。为了实现这一目标，需要学会有效地组织语言、清晰地阐述观点，以及使用恰当的专业术语和表达方式。学生通过参与跨学科合作，能够逐渐提升自己的口头表达能力和书面表达能力，增强自信心，从而更加自如地进行沟通和交流。

第二，跨学科合作促进了学生倾听和尊重他人意见的能力。在团队合作中，学生不仅需要表达自己的观点，还需要积极倾听和接受他人的意见和建议。倾听他人的观点，理解他人的立场和思考方式，并尊重他人的意见，这在团队合作中是非常重要的，尤其团队成员是来自不同学科背景。通过与他人进行积极的沟通交流，逐渐培养开放包容的态度，增强团队合作的凝聚力和协作效率。

第三，跨学科合作不仅提升了学生的交流能力，还培养了他们解决问题的能力和应对挑战的勇气。在团队合作的过程中,学生面临着各种各样的问题和挑战,需要通过有效的沟通和协作来共同解决。学生需要学会与团队成员合作,协调解决问题的步骤和方法,克服困难和挑战,最终达成项目的目标。通过这样的实践经验,学生逐渐提升了解决问题的能力和应对挑战的勇气,为未来的职业发展和社会生活奠定了坚实的基础。

3. 沟通能力的重要性

不论是在个人生活还是职业领域中,有效的沟通都是实现目标、解决问题以及促进合作的必备技能。跨学科团队合作在培养学生的沟通能力方面发挥着重要作用,为他们的个人成长和团队的成功提供了宝贵支持。首先,良好的沟通能力是人际交往的基础。在现实中,一个人无论在个人生活还是职业领域,都需要与他人进行良好的沟通,以便顺利地完成任务、解决问题和达成共识。因此,通过跨学科团队合作,学生有机会与来自不同学科背景的人进行交流和合作,这提高了他们的沟通技巧和能力。其次,良好的沟通能力有助于解决冲突和化解分歧。在跨学科团队中,由于团队成员来自不同的专业领域,他们可能拥有不同的观点、价值观和工作方式。因此,必须通过有效的沟通和协商,化解分歧,达成共识。学生在跨学科团队合作中学会了如何倾听他人的意见、尊重不同的观点,并通过合理的沟通方式解决冲突,从而促进团队的和谐与凝聚力。此外,良好的沟通能力有助于提高工作效率和成果质量。在团队合作中,成员之间需要频繁地交流信息、协调工作进度和分享想法。如果团队成员之间缺乏有效的沟通,将会导致信息不畅、任务重复和目标不明确,从而影响团队的工作效率和最终的成果质量。因此,通过跨学科团队合作,学生可以学会如何有效地沟通和协作,从而提高工作效率和成果质量。

第七章　创意美术教育的社会影响与实践探索

第一节　创意美术教育对个体成长与社会发展的积极作用

一、创意美术教育对个体成长的积极作用

（一）情感和思想的表达

1. 情感表达的丰富性

创意美术教育为学生表达情感提供了丰富的途径。通过绘画、雕塑、摄影等形式的艺术创作，学生得以自由地抒发内心的情感和情绪，将个人的体验和感受转化为独特而生动的艺术作品，从而实现情感的表现和传达。在绘画中，学生可以通过对色彩的运用、线条的勾勒以及构图的设计等方式，将内心的喜、怒、哀、乐呈现于作品之中；雕塑作品则通过雕刻、塑造等手法，将情感的张力、氛围和情绪感染力传递给观者；而摄影作品则借助镜头的捕捉和构图的设计，将身边的人物、风景或物品所承载的情感与意义凝聚成一幅幅感人肺腑的影像作品。这些形式各异的艺术表达方式，为学生提供了一个深入探索内心世界、传递情感与情绪、寻找心灵共鸣的平台。

在创意美术教育的实践中，学生能够从日常生活中的各种情感和情绪中汲取灵感，通过艺术的表达手法将其具象化、象征化，以此进行情感的释放和宣泄。例如，一幅绘画作品可能承载着学生对自然景色的热爱和向往，通过对色彩的运用和构图的设计，表达出内心的愉悦和对大自然的赞美；一件雕塑作品可能是学生对人生历程的思考和感悟，通过线条的刻画，展现出内

心的坚韧与勇气；一幅摄影作品可能是学生对社会现实的关注和思考，通过镜头的捕捉和构图的设计，呈现出内心对社会问题的触动和呼唤。这些作品不仅是学生情感的外化和显现，更是一种与观者之间情感的沟通和共鸣，使得情感在艺术的世界里得以传递和延续。

创意美术教育的这种情感表达的丰富性不仅是一种技术性的展现，更是一种对内心世界的深度挖掘和对情感的真实释放。通过艺术创作，学生能够更加深入地理解自己的情感和情绪，认识到自己的内心世界是如此的丰富多彩，从而提高情感的认知水平和情感的表达能力。同时，这种情感表达的丰富性也为学生提供了一个自我发现和个性展示的舞台，使他们能够更好地理解自己，增强自信心，实现个人价值的最大化。

2. 沟通与表达能力的提升

艺术作品不仅是学生个人情感的宣泄，更是与观者进行情感交流和表达的桥梁。通过创意美术教育的学习与实践，学生在艺术创作过程中逐渐培养了与他人进行情感沟通和表达的能力，这不仅增强了他们的沟通技巧，也提升了他们的社交能力和处理人际关系的能力。

第一，创意美术教育注重培养学生的表达技巧和沟通能力。在艺术创作过程中，学生需要通过绘画、雕塑、摄影等形式，将自己的情感和思想转化为艺术作品。在这个过程中，他们不仅要学会选择合适的表现方式和艺术语言，还需要运用丰富的想象力和创造力，使作品更具表现力和感染力。通过不断地实践和反思，学生逐渐提升了自己的表达能力，能够更准确、更生动地传达自己的情感和思想。

第二，创意美术教育强调与他人的情感交流和共鸣。艺术作品不仅是学生个人情感的宣泄，更是与观者进行情感交流和表达的媒介。学生在创作过程中，不仅要考虑自己的情感需求和表达意图，还需要关注观众的感受和理解。通过作品的展示和分享，学生能够学会倾听他人的意见和反馈，从中获得启发和改进，进而提升与他人的情感沟通和表达能力。

第三，创意美术教育提供了一个多样化的交流平台，促进了学生之间的交流与合作。在课堂上，学生们通过展示作品、讨论和评价等形式，分享彼此的创作成果和经验，互相借鉴、交流，促进共同成长和进步。这种学生间的交流与合作不仅促进了情感和思想的碰撞与交流，也培养了学生的团队合作意识，提升了他们的社交技能和团队协作能力。

3. 自我认同与自我肯定

在创作的过程中，学生的艺术表达与实践，不仅是在创造作品，更是在探索和塑造自我。这个过程是一个自我发现、自我表达和自我肯定的循序渐进的过程，为学生的个人成长和心理健康提供了重要支撑。首先，艺术作品的创作是学生认识自我、发现自我的过程。在艺术创作中，学生有机会借助各种艺术形式和媒介，表达自己独特的观点、情感和体验。他们可以通过色彩、线条、形态等艺术元素，展示内心世界的丰富性和多样性，揭示个人独特的审美情趣和生活态度。这种自我表达的过程不仅让学生更深入地了解自己的兴趣、爱好和价值取向，也帮助他们建立起积极的自我认同，增强对自我的了解和信心。其次，艺术作品的创作能够促进学生对自我价值的肯定与强化。通过艺术创作，学生可以展示自己的个性、特长和才华，体现自己在艺术领域的独特贡献和价值。当他们看到自己的作品得到他人的认可和赞赏时，内心会感受到满足和自豪，进而增强自信心，提升自我价值。这种积极的反馈和肯定有助于学生建立起积极的自我形象和心态，从而更加积极地面对生活中的挑战。最后，艺术作品的创作过程培养了学生的创造力和想象力，进一步促进了他们的个性发展和自我实现。在创作的过程中，学生不断尝试新的创意和表现方式，挑战自己的想象力和创造力。这种积极的创作体验和探索过程，不仅为学生提供了展示自我的舞台，也为他们的个性发展和职业发展打下了坚实的基础。

（二）自我认知与成长

1. 探索内心世界的表达方式

在艺术作品中，学生通过绘画、雕塑、摄影等形式，将内心的情感和思想转化为视觉形象和符号，实现了情感的外化和表达。这种探索内心世界的表达方式，不仅帮助学生更深入地了解自己，还为观者提供了一扇窥探作者内心深处的窗口。

第一，艺术作品是学生探索内心世界的独特语言表达。在艺术创作中，学生可以用颜色、线条、形状等艺术元素，表达自己内心的情感和情绪。例如，一幅抽象画可能通过色彩的明暗对比和线条的错落有致，表达出作者内

第七章　创意美术教育的社会影响与实践探索

心的矛盾和冲突；一件雕塑作品可能通过形态的曲折和材料的质感，展示出作者内心的欲望和挣扎。这些作品不仅是学生情感的外化和呈现，更是一种对内心世界深度探索的结果，也为观者提供了理解和感悟的契机。

第二，艺术作品是学生思想的深度表达。在艺术创作中，学生可以通过题材的选择、构图的设计和意象的运用，表达自己对于世界、生命和价值的思考和理解。例如，一幅关于自然环境被破坏的油画作品可能通过生动的场景和细腻的绘画技巧，呼吁人们对于环境保护的关注和行动。这些作品不仅是学生思想的深度反映，更是一种对社会、生命和生存的思考和探索，为观者带来了深刻的启示和反思。

第三，艺术作品是学生独特个性的彰显。在艺术创作中，学生可以通过作品的风格、主题和表现手法，展示自己的个性和特长。例如，一位学生可能擅长用抽象的方式表达内心情感，另一位学生则可能偏爱通过写实的手法呈现社会现实；一位学生可能喜欢运用明亮的色彩表达对生活的热爱，而另一位学生则可能偏好运用暗淡的色调表达对人生的思考。这些作品不仅是学生个性和艺术风格的体现，更是一种对自我特点和人生态度的展示，为观者带来了独特的艺术体验和感受。

2. 审视与反思的过程

在艺术创作过程中，审视与反思是学生不可或缺的重要环节。这一过程不仅涉及对作品本身的审视，还包括对自身创作经历和艺术观念的反思，具有深刻的启示意义和促进个人成长的作用。首先，审视作品的意义与表达方式是艺术创作中的重要一环。学生需要深入思考作品所要传达的信息、情感或思想，以及选择的表现方式是否符合所要表达的内容。例如，一位学生在创作一幅抽象画作时，需要审视自己的情感和情绪，并思考如何通过色彩、线条和形状来表达内心的感受。在这个过程中，学生会不断审视作品的视觉效果，反思自己的表现方式是否能够准确地传达所想要表达的内容。其次，反思创作经历和技术运用是学生成长的重要途径。通过反思创作过程中的困难、挑战和突破，学生可以发现自己的创作方法和技术运用的不足之处，并寻找改进的方法和途径。例如，一位学生在雕塑创作中可能遇到了材料选择不当导致作品质量不佳的问题，通过反思这一经历，他可以找到更合适的材料和工艺，提高作品的质量和表现力。此外，审视和反思还包括对自身艺术观念和创作理念的审视和反思。学生需要思考自己的艺术追求、审美取向和创作动机，以及这些观念是否与自己的实际创作相符合。例如，一位学生可能在创作中受到了现实主义和抽象主义两种艺术观念的影响，通过审视和反思自己的创作经历，他可以更清晰地认识到自己的创作倾向和风格，更加自信地坚持自己的艺术追求。

3. 个性与独立性的培养

创意美术教育的一个重要目标是培养学生的个性与独立性，这是因为在当今社会，个性化和独立思考能力被认为是成功的重要因素。通过自主的艺术创作，学生得以展示自己独特的视角、观点和审美观，从而实现个性与独立性的培养和发展。首先，创意美术教育提供了一个自由开放的创作环境，鼓励学生表达自己的个性和独特性。在这样的环境中，学生不受限于传统的规范和标准，可以尽情展现自己的想法和创意。例如，一位学生可能在绘画作品中大胆运用了抽象表现主义的手法，表达出自己对世界的独特理解和情感体验，展示了个性化的艺术风格。其次，创意美术教育注重培养学生独立思考和创造的能力。在艺术创作过程中，学生需要自主选择创作主题、构思创作构图，并决定使用的材料和技术。这种自主性的创作过程促使学生独立思考和决策，培养了他们解决问题和应对挑战的能力。例如，一位学生可能在雕塑作品中面临材料选择和结构设计的挑战，通过自主思考和探索，找到了最适合自己创作意图的方式，体现了独立性和创造性。此外，创意美术教育也鼓励学生勇于突破传统的束缚，敢于挑战规范和权威，追求个性化和创新性。在艺术作品中，学生可以大胆尝试各种风格和形式，展现出自己独特的艺术个性。这种勇于表达和创新的精神不仅体现了学生的个性，也为他们未来的发展奠定了坚实的基础。

二、创意美术教育对社会发展的积极作用

（一）推动文化创意产业的发展

1. 人才支持

创意美术教育为文化创意产业提供了丰富的人才资源。通过培养学生的创造力、审美能力和艺术表现力，创意美术教育为文化创意产业输送了大量

第七章 创意美术教育的社会影响与实践探索

具有创意和艺术才华的人才。这些人才涵盖领域广泛，包括平面设计、动画制作、影视艺术、时尚设计等，为文化创意产业的多元发展提供了坚实的人才基础。例如，以平面设计为例，许多创意美术教育项目注重培养学生的视觉创意和设计能力，使他们具备了成为优秀平面设计师的潜力。这些学生在学习过程中通过参与各类设计比赛、实习项目等活动，积累了丰富的经验。毕业后，他们能够在广告公司、设计工作室、互联网企业等各类机构从事平面设计工作，为文化创意产业的发展注入新的活力。

2. 创新动力

创意美术教育培养的人才不仅具备艺术才华，还具有创新精神和实践能力，成为文化创意产业的创新动力。这些人才在日常工作中能够不断地挖掘和创造新的艺术形式和表现方式，推动了文化创意产业的不断创新和发展。他们的作品不仅具有艺术性和观赏性，还融合了时代特色和创新元素，引领着文化创意产业的潮流和方向。例如，某位艺术家利用数字艺术技术创作了一系列新颖的虚拟现实艺术作品，将传统绘画与科技创新相结合，引起了广泛的关注和讨论。这些作品不仅在艺术层面上具有高度的创意和表现力，还在技术层面上展现了数字艺术的前沿水平，为文化创意产业的创新发展做出了积极贡献。

（二）促进社会文化繁荣

1. 丰富社会文化生活

创意美术作品的展示和推广丰富了社会文化生活，为公众提供了更加多元化的文化体验和享受。艺术家和创意工作者的作品通过展览、演出、展示等形式呈现给公众，引发了人们对艺术的兴趣和热情，促进了文化消费和文化产业的繁荣发展。例如，一场当代艺术展览在城市艺术馆举办，展出了一系列具有创新性和艺术价值的作品。这些作品涵盖了绘画、雕塑、摄影等多种艺术形式，吸引了大量观众前来参观和欣赏。观众在欣赏作品的同时，也能够感受到艺术家的创意和表现力，丰富了自己的文化体验。

2. 加快城市文化建设

创意美术作品的展示和创作活动不仅丰富了社会文化生活，还为城市的文化品位和形象提升做出了贡献。城市通过举办艺术展览、建设雕塑公园、艺术街区规划等方式，打造具有浓厚文化氛围和艺术气息的城市景观，提升了城市的软实力和文化吸引力。例如，某城市在市中心打造了一个艺术街区，汇集了众多艺术家和创意工作者，展示了大量原创艺术作品。这个艺术街区不仅成为市民休闲娱乐的好去处，还吸引了大量游客前来观赏和参与。艺术街区内的艺术作品丰富多样且具有创意，涵盖了绘画、雕塑、摄影等多种形式，展示了城市的文化底蕴和艺术氛围。这些作品不仅美化了城市环境，还为市民和游客提供了欣赏艺术、感受文化的机会，促进了城市文化的繁荣与发展。

第二节　社区创意美术教育项目的实践经验与效果评估

一、社区参与

（一）文化活动吸引力

1. 艺术创作工作坊

举办艺术创作工作坊是社区创意美术教育项目中的重要组成部分，旨在为社区居民提供艺术教育课程和实践机会，让他们亲身体验艺术创作的乐趣和成就感。在这样的工作坊里，居民不仅能够学习各种艺术技巧，如绘画、雕塑、摄影等，还可以尽情发挥自己的创造力和想象力，从而丰富他们的精神生活，提升他们的艺术修养。

艺术创作工作坊为社区居民提供了一个开放的学习平台，让他们在轻松愉快的氛围中接触艺术，感受艺术创作的乐趣。在工作坊中，专业的艺术教师会指导居民掌握基本的艺术技巧，同时鼓励他们勇于表达和尝试，激发他们的创作潜能。通过参与各种艺术活动和项目，居民不仅能够提高自己的艺术水平，还能够结识志同道合的朋友，拓展人际关系网，增强社区凝聚力。

在艺术创作工作坊中，居民可以选择自己感兴趣的艺术形式和主题进行创作，充分发挥个人的创造力和想象力。可以通过绘画表达内心的情感和思想，通过雕塑展现对于世界的理解和想法，通过摄影记录生活中的美好瞬间和感动的人或事。这种自由的创作环境有助于激发居民的创造力和创新精神，让他们在艺术创作中得到心灵的满足和成就感。此外，艺术创作工作坊还为居民提供了一个交流和分享的平台，让他们可以和他人分享自己的作品和创作经验，相互学习、借鉴。通过与他人的交流与互动，居民不仅能够拓宽自己的艺术视野，还能够建立起良好的人际关系，促进社区的文化交流和融合。

2. 艺术展览

定期举办艺术展览是社区创意美术教育项目中的重要环节，旨在展示社区居民的艺术作品，包括绘画、雕塑、摄影等多种形式。这些展览不仅是一个展示平台，更是社区文化交流和艺术交流的载体，为居民提供展示自己艺术才华的机会，同时也让其他居民有机会欣赏和品味艺术之美。

艺术展览为社区居民提供了一个展示自己创作成果的平台。通过定期举办展览活动，社区居民可以将自己的艺术作品展示给社区其他成员，让更多人了解和欣赏到自己的创作成果。这种展示形式不仅促进了居民之间的交流和互动，还增强了他们的自信心和自豪感，激发更多人参与到艺术创作中来。

同时，艺术展览也为社区居民提供了一个欣赏和品味艺术之美的机会。通过观赏他人的艺术作品，居民可以感受到艺术带来的美好和愉悦，提升自己的审美情趣和艺术鉴赏能力。艺术作品所蕴含的情感和思想也会引发观者的共鸣和思考，丰富其精神生活，提升生活品质。此外，艺术展览还可以促进社区文化交流和艺术交流。在展览现场，居民可以互相交流、讨论艺术作品，分享彼此的艺术体验和观点，促进社区居民之间的情感交流和文化互动。通过这种交流与互动，社区居民之间的感情得以加深，社区文化得以丰富和发展。

3. 艺术交流会

社区创意美术教育项目中的艺术交流会是一种重要的活动形式，为社区居民提供了与专业艺术家或学者进行互动和交流的平台。专业人士可以通过艺术讲座、座谈会或互动活动，向社区居民介绍艺术的内涵、作品技巧和创作背后的故事，从而深入探讨艺术世界，拓宽居民的艺术视野，激发他们的艺术创作灵感。首先，艺术交流会为社区居民提供了与专业人士直接互动的机会。通过与艺术家或学者的交流，社区居民可以深入了解艺术作品背后的故事、艺术家的创作理念和技艺，以及艺术作品所表达的意义和情感。这种直接的交流方式不仅可以增进居民对艺术的理解和欣赏，还能够启发他们对艺术的思考和创作。其次，艺术交流会可以为社区居民提供学习和交流的机会。在交流会上，专业艺术家或学者会分享他们的研究成果、艺术见解和创作心得，与社区居民共同探讨艺术领域的热点问题。通过学习和交流，社区居民可以了解到更多关于艺术的知识和信息，提升自己的艺术修养。此外，艺术交流会还可以促进社区居民之间的情感交流和文化互动。在交流会上，居民们可以分享彼此的艺术体验和观点，交流艺术创作的心得和经验，增进彼此之间的了解和友谊。这种情感交流和文化互动有助于增强社区的凝聚力和向心力，促进社区的和谐发展和文化繁荣。

（二）社区文化建设

1. 丰富文化生活

社区举办各种艺术活动，如艺术展览、文化节庆等，不仅是为了丰富社区的文化生活，更是为了促进居民之间的情感交流、文化互动，提升他们的艺术修养。这些活动为社区居民提供了一个共享艺术、交流感受的平台，让他们在艺术的海洋中感受到愉悦，获得启发。

艺术展览是社区文化生活中的重要组成部分。通过艺术展览，社区居民有机会欣赏到不同艺术家的作品，了解不同风格和流派的艺术表现形式。例如，某社区举办了一场以当代抽象艺术为主题的展览，展示了一系列抽象艺术作品，其中包括绘画、雕塑、装置艺术等多种形式。这样的展览不仅为社区居民带来了艺术的视觉享受，还为他们提供了思考和探索艺术意义的机会，促进了他们对艺术的理解和欣赏。

文化节庆也是丰富社区文化生活的重要方式之一。在文化节庆活动中，社区居民可以通过参与各种文化表演、手工艺制作、传统文化体验等活动，感受到浓厚的文化氛围和节日气氛。例如，某社区举办了一场传统文化节庆活动，邀请了当地民间艺人进行传统舞蹈表演、手工艺品展示等，吸引了众多社区居民前来观看和参与。在这样的活动中，社区居民不仅可以欣赏到传统文化的魅力,还可以学习和体验传统文化,增进对传统文化的认识和理解。

总之,通过举办艺术展览、文化节庆等各种艺术活动,不仅丰富了社区居民的文化生活,还促进了居民之间的交流和互动,提升了社区的文化品质和内涵。这些活动不仅为社区居民提供了一个欣赏和学习艺术的平台,也为他们提供了一个展示自己才华和创造力的机会,从而促进了社区的文化繁荣和社会和谐。

2. 提升文化素养

首先,艺术活动为社区居民提供了直观感受和亲身体验艺术的机会。通过参观艺术展览、观赏艺术表演等活动,社区居民可以接触到各种艺术形式,感受到艺术作品所传达的情感和思想,从而增强对艺术的感知能力和欣赏水平。例如,一位居民参加了一场艺术展览,他在展览中欣赏到了不同风格和流派的艺术作品,从中领略到了艺术的多样性和丰富性,对艺术的理解和欣赏有了更深入的认识。其次,参与艺术活动有助于拓宽社区居民的艺术视野和知识面。通过参与艺术讲座、座谈会等活动,社区居民可以了解到艺术的历史渊源、理论知识和创作技巧,增强对艺术的认知和理解。例如,一次艺术讲座邀请了知名艺术家分享其创作经验和艺术理念,社区居民通过聆听他们的讲述,深入了解了艺术创作的内涵和技艺要点,从而提升了其艺术的专业素养和审美水平。此外,参与艺术活动还可以促进社区居民之间的交流和互动。在艺术活动中,社区居民可以与他人分享对艺术的感悟和理解,交流观点和见解,增进彼此之间的情感联系和理解。例如,一次艺术交流会邀请了社区居民参与艺术作品的讨论和评价,大家通过交流对艺术作品的理解和感受,增进了彼此之间的友谊,促进了社区的和谐发展。

3. 打造文化标志

艺术展览和文化活动在社区中扮演着重要的角色,不仅为居民提供了丰富多彩的文化生活,也能够成为社区的文化标志和特色,吸引更多外来游客和艺术爱好者前来参观和体验。这些活动的举办不仅提升了社区的知名度和美誉度,也为社区形象的打造和宣传做出了重要贡献。首先,艺术展览和文化活动的丰富多样性为社区增添了独特的魅力。通过定期举办绘画、雕塑、摄影等各类艺术展览,以及文化节庆、艺术表演等活动,社区呈现出丰富多彩的文化景观。例如，某社区定期举办摄影展览，展示当地摄影家的作品，吸引了大量摄影爱好者和艺术家前来参观和交流，使得该社区成为当地摄影文化的代表性地区。其次，这些活动的举办为社区带来了经济效益和发展机遇。随着越来越多的游客和艺术爱好者前来参观和体验，社区周边的商业活动也随之兴盛起来。例如，在艺术展览期间，周边的商家可以提供相关的服务和产品，如艺术品销售、特色餐饮等，从而带动了当地经济的发展和繁荣。同时，这些活动也为社区吸引了更多的投资，促进了社区的建设和改善。另外，艺术展览和文化活动也成了社区居民展示自身文化底蕴和艺术才华的平台。通过参与这些活动，社区居民可以展示自己的创作成果，分享自己的文化和艺术理念，增强了社区居民之间的交流和联系。例如，一位社区居民在艺术展览中展示了自己的绘画作品，获得了许多观众的认可和赞赏，同时也为社区的文化建设和发展做出了贡献。

二、文化传承

（一）弘扬当地文化

1. 挖掘传统文化资源

项目组织者经过调研和挖掘当地的传统文化资源，如民俗、民间传说、民间工艺等，向社区居民宣传这些宝贵的文化遗产。这一举措不仅有助于激发社区居民对传统文化的兴趣和认同，也为当地文化的传承和弘扬提供了重要的支持和平台。首先，传统文化资源的挖掘和宣传丰富了社区居民的文化生活。通过民俗文化节、传统手工艺展示等活动，社区居民得以近距离接触、了解传统文化的魅力。例如，某社区在春节期间举办了传统民俗表演和手工艺品展览，吸引了大量居民前来参与和观赏，为社区增添了浓厚的节日氛围。其次，传统文化资源的挖掘有助于加深社区居民对自身文化根源的认同和理解。通过了解和体验传统文化，社区居民可以更好地认识到自己的文化身份和价值，增强对传统文化的珍视和传承意识。例如，一些社区通过组织文化讲座、民俗故事传唱等活动，让居民深入了解本地的传统文化，从而加深他们对文化传承的责任感和使命感。此外，传统文化资源的挖掘也为社区的文化旅游业带来了新的发展机遇。以传统文化为主题的旅游活动和景点吸引了更多外来游客，为社区带来了经济效益和发展机遇。例如，某社区依托当地

第七章　创意美术教育的社会影响与实践探索

的传统手工艺品和民俗文化，打造了特色文化旅游线路，吸引了大量游客前来体验，为当地的旅游业和文化产业注入了新的活力。

2. 激发居民热爱和传承意识

通过社区创意美术教育项目的开展，居民逐渐认识到当地文化的珍贵性和独特性，从而激发了他们对本土文化的热爱和传承意识。这种意识的激发并非一蹴而就，而是通过参与项目中的多种活动积累经验逐步形成的。首先，社区创意美术教育项目提供了一个了解和体验本土文化的平台。通过举办民俗文化展览、传统手工艺品制作等活动，居民有机会近距离接触、感受和参与到本土文化的传承活动中。例如，某社区组织了一次传统手工艺品制作比赛，邀请居民参与制作传统工艺品，如剪纸、刺绣等。在参与制作过程中，居民不仅学习到了传统工艺的创作技巧，还深切感受到了传统文化的魅力和价值，从而增强了对传统文化的热爱和自豪感。其次，社区创意美术教育项目激发了居民对传统文化传承的责任感和使命感。通过举办文化讲座、座谈会等活动，使居民了解到传统文化的重要性和脆弱性，意识到作为传承者的责任和义务。例如，某社区邀请了当地文化专家进行文化讲座，讲解传统文化的历史渊源和价值意义，在了解到传统文化的珍贵性后，居民纷纷表示要积极参与传承活动，将传统文化传承给下一代。此外，社区创意美术教育项目还为居民提供了展示自身才华和传承文化的平台。通过举办艺术展览、演出等活动，居民有机会展示自己的艺术作品和对传统文化的理解。例如，某社区举办了一场民俗文化表演，邀请居民表演传统舞蹈、歌曲等节目。通过参与表演，居民不仅展示了自己的艺术才华，还为传统文化的传承和弘扬贡献了力量。

3. 艺术作品融入当地文化

在社区创意美术教育项目中，学生通过艺术创作的方式将当地的文化传统融入作品，这不仅为当地文化注入了新的生机和活力，也为文化传承提供了直观而有力的表达方式。这种融合呈现的艺术作品既是对传统文化的尊重和传承，同时也是对当代艺术表达的创新和探索。首先，通过深入了解当地的历史、风土人情，学生能够更好地理解和把握当地文化的内涵和精神。他们通过实地考察、采访当地居民、研读相关资料等方式，深入挖掘和理解当地文化的渊源和特点。例如，一些学生可能会前往当地的历史古迹、民间传统活动场所等进行实地考察,感受当地文化的魅力和独特之处。通过这些活动,学生对当地文化的理解更加深入和全面,为后续的艺术创作奠定了坚实的基础。其次,学生通过绘画、雕塑、摄影等多种艺术形式将对当地文化的理解和感悟转化为艺术作品。他们运用各种艺术技巧和表现手法,将当地文化的历史、传统、风俗等元素融入作品,展现出丰富多彩的艺术表现力。例如,一些学生可能会通过绘画创作展现当地特色建筑或风景,通过雕塑创作展现当地的传统手工艺品或民俗形象,通过摄影捕捉当地的人文景观或传统节日活动等。这些艺术作品既传承了当地文化的精髓,又融入了当代艺术的审美和表现方式,呈现出独具特色的艺术魅力。此外,这些艺术作品不仅为当地文化传承提供了直观而生动的展示,也为当地社区带来了文化、经济和社会的多重效益。通过展示当地文化的艺术作品,社区可以吸引更多的游客和观众前来参观和欣赏,推动当地旅游业和文化产业的发展。同时,这些作品也成为社区的文化名片,为社区树立了良好的文化形象,提升了社区的知名度和美誉度。因此,艺术作品融入当地文化,不仅传承了文化传统,也促进了文化产业的发展和社区的繁荣。

(二)文化交流与融合

1. 文化多样性的展示

在社区创意美术教育项目中,学生和居民来自不同的文化背景和地域,这使得项目成了一个文化多样性的展示平台。通过艺术创作和交流,他们展现了各自独特的文化特色,这种多样性的展示丰富了社区的文化内涵,也促进了人们对不同文化的了解和尊重。首先,不同文化背景的学生和居民带来了各具特色的艺术表达。他们可能会运用自己熟悉的文化符号、图案、色彩等元素,通过绘画、雕塑、摄影等形式表现出自己文化的独特魅力。例如,来自西方文化背景的学生可能会在作品中呈现出浓厚的西方文化氛围,而来自东方文化背景的学生则可能会展现出东方文化的神秘与深邃。这种文化多样性的展示丰富了艺术作品的内涵和形式,为观众带来了全新的艺术体验。其次,艺术交流和互动成为不同文化背景的学生和居民之间展现对彼此文化的尊重和好奇的契机。他们在创作过程中相互借鉴、交流,共同探讨各自文化的特点和魅力,促进了文化之间的交流与融合。例如,一些项目可能会组织跨文化的艺术工作坊,让学生和居民学习和探索不同文化的艺术表达方式,从而丰富彼此的艺术视野和理解。这种文化多样性的展示不仅促进了社区内部的交流与合作,也拓宽了社区居民的文化视野,提升了他们的文化素养和全球化意识。此外,项目还为社区居民提供了一个共同探索文化多样性的平台。通过观赏、评论和讨论艺术作品,居民有机会更加深入地了解不同文化之间的差异和共通之处。他们在这个过程中学会了尊重和包容不同文化,从而促进了社区内部的和谐与团结。这种文化多样性的展示不仅丰富了社区的文化生活,也为社区的文化建设和发展注入了新的活力和动力。

2. 相互学习与借鉴

在社区创意美术教育项目中,学生和居民之间展开了积极的互相学习,这种交流不仅促进了艺术技巧的提升,还深化了个人的文化视野和理解能力,促进了文化的相互融合与发展。

第一,学生和居民之间的交流与合作促进了艺术技巧的提升。在艺术创作的过程中,不同文化背景的学生和居民可以分享各自的艺术经验和技巧,共同探讨艺术创作的方法和技巧。例如,一位具有绘画专业背景的学生可以与一位擅长雕塑的居民相互交流,彼此学习技巧并将其运用到自己的创作中,从而丰富了作品的表现形式和艺术内涵。通过这种相互学习与借鉴,学生和居民的艺术技能都得到了提升,作品的质量和深度也得到了提升。

第二,学生和居民之间的交流拓宽了个人的文化视野。在艺术创作的过程中,学生和居民可以通过交流和合作,了解和体验不同文化背景下的艺术表现方式和文化内涵。例如,一个来自西方文化背景的学生在与来自东方文化背景的居民合作时,深入了解东方文化的哲学思想和艺术风格,从而加深了自己对东方文化的理解和认知。这种文化视野的拓宽不仅促进了学生和居民之间的跨文化交流,也增强了他们的文化包容性和全球化意识。

第三,学生和居民之间的交流促进了文化的相互融合与发展。通过相互学习和借鉴,不同文化背景的艺术表现方式和艺术元素得到了融合,形成了新的艺术风格和表现形式。例如,一些项目可能会组织跨文化的合作活动,让学生和居民共同探索、创造具有跨文化特色的艺术作品,从而促进了不同文化之间的艺术交流与融合。这种文化的相互融合与发展不仅丰富了社区的文化内涵,也为文化创新和进步提供了新的动力和可能性。

3. 文化价值的共享

在社区创意美术教育项目中,社区居民不仅有机会展示自己的艺术作品,还能够借此机会分享自己的文化传统和艺术体验,与他人共同探讨和交流。这种文化价值的共享不仅促进了社区居民之间的情感交流和沟通,也加深了彼此之间的理解和认同。通过分享各自的文化传统和艺术体验,居民们能够更好地了解彼此的文化背景和生活习惯,增进彼此之间的友谊和信任。例如,在一个社区艺术展览活动中,一位居民展示了自己绘制的一幅风景画,画中融入了他对家乡的独特理解和情感体验,其他居民欣赏了这幅画作,并对其背后的文化内涵和情感表达表示了认同和赞赏,从而拉近了彼此之间的距离,增进了相互间的友谊。

此外,文化价值的共享还为社区的和谐发展和文化繁荣奠定了坚实基础。通过相互交流和借鉴,社区居民能够从彼此的文化传统和艺术体验中汲取营养,促进自身的文化提升和艺术创新,例如,在一个社区的传统文化活动中,不同民族的居民可以共同参与并展示各自的传统文化表演,如舞蹈、音乐等。这种活动不仅为居民们提供了展示自己文化价值的平台,还促进了不同文化之间的相互融合与交流,为社区的文化和谐打下了坚实基础。

第三节 探讨创意美术教育在社会服务与文化创意产业中的应用前景

一、文化创意产业

(一)人才培养

1. 创意美术教育的系统培养

创意美术教育的系统培养应着眼于学生的全面发展,通过系统的艺术教育,培养学生的艺术创作能力、审美能力和表现能力。在这一教育体系中,学生不仅在课堂上学习了绘画、雕塑、摄影等多种艺术形式的基本技能和理论知识,还接触到了艺术史、美学等相关学科的知识,从而增强了对艺术的认识和理解。首先,创意美术教育注重培养学生的艺术创作能力。在艺术教育的课程设置中，学生将学习各种艺术形式的创作技巧和方法，如绘画、雕塑、摄影等。通过系统的训练和实践，学生能够逐渐掌握艺术创作的基本要素，包括构图、色彩运用、线条表现等，从而具备进行艺术创作的能力。其次，创意美术教育还重视培养学生的审美能力。在艺术教育相关课程的学习过程中，学生学习艺术的鉴赏方法和技巧，了解不同艺术形式的特点和表现方式，培养对美的感知和理解能力。通过观摩优秀的艺术作品和参与艺术活动，学生能够逐渐提升自己的审美水平，培养出独特而敏锐的审美眼光。此外，创意美术教育还注重培养学生的表现力。艺术作为一种表达情感和思想的方式，需要艺术家具备良好的表现能力。在课程中，学生将学习如何通过艺术作品表达自己的内心感受和思想观念，培养自己的表达能力和表现技巧。通过不断地实践和反思，能够逐渐提升自己的表现力，创作出具有深度和内涵的艺术作品。

2. 创意与表现力的培养

创意美术教育的核心之一是注重培养学生的创造力和表现力。在这个教育体系中，学生被鼓励不断地探索、挑战传统观念，勇于表达自我，大胆创新。这种培养不仅是为了让学生掌握技巧，更重要的是激发他们内在的创造力和想象力。首先，创意美术教育致力于激发学生的创造力。学生在艺术实践中被鼓励不断地探索和尝试，挖掘自己的潜能和独特性。教师注重引导学生从不同的角度去思考问题，启发他们寻找新的创意和灵感。通过各种创作任务和项目，学生有机会展现他们独特的创造力，从而培养创新精神。其次，创意美术教育还强调培养学生的表现力。艺术是一种表达情感和思想的方式，在教学过程中，教师要引导学生学习如何通过艺术作品有效地传达自己的内心感受和思想观念，鼓励他们从自身经历和感受出发，勇于表达自我，展现个性化的艺术风格和独特的创意。通过不断地实践和反思，学生能够逐渐提升自己的表现能力，创作出具有内涵深度的艺术作品。

3. 未来人才的培养

经过创意美术教育培养的学生将成为文化创意产业的未来人才，他们不仅具备了扎实的艺术技能和独特的创意，还具备了对文化创意产业的理解和认识，能够为产业的创新和发展提供强大的能力支持。首先，这些学生在创意美术教育的培养下获得了扎实的艺术技能。他们在学习过程中接受了系统的绘画、雕塑、摄影等艺术形式的训练，掌握了各种艺术媒介的应用技巧和创作方法。通过反复的实践和学习，学生们逐渐具备了高水平的艺术表现能力，能够通过作品展示自己的艺术才华和技艺水平。其次，这些学生在创意美术学习中积累了独特的创意。创意美术教育注重激发学生的创造力和想象力，鼓励他们勇于突破传统观念，大胆创新。学生在开放的学习环境中得以自由地表达自己的想法和观点，通过艺术作品展现个性化的艺术风格和独特的创意。这种创新意识和创意能力为他们未来从事文化创意产业提供了重要的基础和动力。此外，这些学生在创意美术教育中也获得了对文化创意产业的理解和认识。教育体系注重培养学生的文化素养和艺术修养，使他们能够深入了解文化创意产业的发展现状和趋势，掌握行业内的规律和规范。在与实践相结合的教学方式下，学生不仅能够了解文化创意产业的基本概念和运作机制，还有机会参与实际项目，掌握产业的实践操作和市场需求。

（二）创意产业发展

1. 创意产业的日益重要性

随着经济的不断发展和社会的持续进步，创意产业在社会经济中的地位日益显著。这种趋势不仅在国际范围内可见，也在各个国家的政策制定和经济发展战略中得到了充分的认可和重视。首先，创意产业的涵盖范围非常广泛，包括艺术设计、文化创意、数字媒体等多个领域。这些领域不仅为人们的生活带来了美的享受，更为经济的增长注入了新的活力。艺术设计产业以其独特的审美价值和创新性受到广泛关注，文化创意产业通过传承和发展传统文化，推动了文化产业的繁荣与兴盛，而数字媒体产业则通过科技与创意的结合，推动了信息时代的发展和社会的变革。其次，创意产业对经济增长和社会发展具有重要的推动作用。随着经济结构的转型和产业升级，传统产业已经无法满足人们日益增长的精神文化需求，而创意产业则填补了这一空缺。创意产业以其独特的经济增长方式和创新的发展模式，成为推动经济转型和产业升级的重要引擎。创意产业的发展不仅能够创造就业机会，提升人民生活水平，还能够促进科技进步、城市发展和社会进步。此外，创意产业还对文化传承和国家软实力的提升起到了积极作用。作为文化的重要组成部

第七章　创意美术教育的社会影响与实践探索

分,创意产业不仅为传统文化的传承和发展提供了新的载体和平台,更通过文化产品和文化输出,增强了国家在国际舞台上的影响力和竞争力。通过发展创意产业,能够更好地展示国家的文化魅力和创造力,提升国家的形象和声誉。

2. 对人才的需求增加

随着创意产业的蓬勃发展,对高质量、高水平的创意人才的需求日益增加。这种需求的增加不仅是由于创意产业本身的扩张和壮大,更是社会经济的快速发展和科技进步所带来的多元化需求和变革的必然产物。在这个新的时代背景下,创意人才不再仅是艺术领域的从业者,更需要具备跨学科的综合能力和创新思维。首先,创意产业的广泛覆盖和快速发展导致了对多样化创意人才的需求。创意产业包括了艺术设计、文化创意、数字媒体等多个领域,涉及艺术、科技、商业等各个方面。因此,对创意人才的需求已经不再局限于传统的艺术技能,而是需要具备跨领域的知识和能力。这些人才既要能够熟练运用各种艺术技能和工具进行创作,同时还需要具备良好的团队合作能力、跨学科的沟通能力和市场意识,以应对复杂多变的市场环境和项目需求。其次,创意人才需要具备持续学习和不断创新的能力。随着科技的发展和社会的变革,创意产业的发展速度和形式也在不断变化。因此,创意人才需要具备不断学习和适应新技术、新趋势的能力,保持对行业动态的敏感性和洞察力。同时,创意人才还需要具备活跃的创新思维,能够不断提出新的创意和解决方案,为行业的发展注入新的活力和动力。另外,创意人才还需要具备国际化视野和跨文化交流能力。随着全球化的深入发展,创意产业已经成为国际交流与合作的重要领域。因此,创意人才需要具备良好的外语能力和跨文化交流能力,能够在国际舞台上与其他国家的创意人才进行有效沟通和合作,共同推动全球创意产业的繁荣和发展。

3. 创意美术教育的贡献

随着时代的发展和经济的变革,文化创意产业逐渐成为现代经济的新引擎,而创意美术教育作为其人才培养的重要基础,为产业的繁荣和发展提供了坚实的人才保障和源源不断的动力。

第一,创意美术教育为文化创意产业输送了大量具备创意思维和创新能力的人才。在创意美术教育的培养下,学生不仅学到了艺术技能和知识,更重要的是培养了创新意识。他们通过绘画、雕塑、摄影等形式的创作，锻炼了自己的艺术感知和表达能力，培养了对艺术和文化的独特理解和见解。这些具备创意潜能的人才成为文化创意产业的中坚力量，为产业的发展注入了活力。

第二，创意美术教育为文化创意产业的升级和转型提供了强有力的支持。随着科技的发展和市场的变化，文化创意产业也在不断向着高质量、高水平的方向发展。在这个过程中，需要大量具备创新意识和市场洞察力的人才来应对挑战和机遇。而创意美术教育培养的学生正是这样的人才，他们不仅具备了艺术技能，还具备了跨学科的综合能力和创新思维。他们能够灵活应对市场需求，提供符合时代潮流和消费者品位的创意产品和服务，从而推动产业的不断升级和转型。

第三，创意美术教育还为文化创意产业的国际化发展提供了重要的人才支持和交流平台。随着全球化的深入发展，文化创意产业已经成为国际交流与合作的重要领域。创意美术教育培养的学生具备国际化视野和跨文化交流能力，能够在国际舞台上与其他国家的创意人才进行有效沟通和合作，共同推动全球创意产业的繁荣和发展。他们不仅能够向世界展示中国文化和艺术的独特魅力，还能够从国际交流中汲取灵感和经验，促进中国文化创意产业的国际化进程。

二、社会服务

（一）文化传承与发展

1. 创意美术教育的艺术教育服务

创意美术教育通过向社会提供艺术教育服务，促进了社会文化的传承和发展。通过艺术展览、文化活动等形式，创意美术教育将艺术和文化带给了更多的人，让人们了解、参与到文化活动中来。这种教育服务不仅传授知识和技能，更激发了人们对艺术的兴趣和热爱，推动了文化的传承和发展。

2. 新媒体时代的文化传播

特别是在数字化时代，创意美术教育通过互联网等新媒体平台，拓展了文化传播的渠道和方式。通过在线艺术课程、艺术社交平台等形式，创意美术教育使得艺术和文化更加普及和便捷,让更多的人能够参与到文化的传承和发展中来。这种新媒体下的文化传播方式不仅提高了传播效率,还促进了文化的多元化和创新。

(二)社会需求满足

随着社会经济的发展和人民生活水平的提高,人们对文化生活的需求也日益增加。过去,文化活动可能被视为奢侈品,只有在基本生活需求得到满足后才会被考虑。然而,随着社会的进步和人们精神文化需求的增长,文化活动已经成为人们生活的重要组成部分。创意美术教育作为一种满足这种需求的手段,可以通过各种形式的艺术教育活动来满足不同群体的文化需求。通过艺术创作和文化活动,可以提升人民的幸福感,从而促进社会的和谐与进步。

1. 满足不同群体的文化需求

创意美术教育应当根据不同群体的需求,开展多种形式的艺术教育活动,以满足不同层次、不同年龄段人群的文化需求。例如,在城市中,人们可能更倾向于参与高水平的艺术课程或观赏高质量的艺术展览,这种需求可以通过多开办艺术学院或美术馆来满足。而在农村地区,由于传统文化的传承和发展更为重要,可能更注重手工艺制作或民间艺术的培育,因此,可以开设手工艺制作工作坊或举办民间艺术展览等活动。此外,针对不同年龄段的人群,可以设置不同难度和类型的艺术课程,以满足不同人群的学习需求和兴趣爱好。

2. 促进社会的和谐与进步

通过创意美术教育所提供的文化活动和艺术创作机会,社会成员之间的交流和沟通得以增强,更加理解与尊重彼此。同时,艺术作品所表达的情感和思想也能够引发人们的共鸣和思考,有助于促进社会的和谐与进步。艺术的美好和力量能够激发人们的创造力和想象力,进而推动社会的创新和发展。因此,创意美术教育所满足的文化需求不仅是单纯的娱乐活动,更是社会进步和发展的重要推动力量。

第八章　创意美术教育未来的发展与挑战

第一节　分析当前创意美术教育面临的挑战与机遇

一、当前创意美术教育面临的挑战

（一）教育资源不均衡，创意美术教育普及程度不高

在创意美术教育中，教育资源的分配存在着明显的不均衡现象。一方面，一些地区的学校或机构缺乏艺术师资和教学设施，导致创意美术教育的普及程度不高。另一方面，在大城市或发达地区，虽然资源相对丰富，但也存在着资源集中、竞争激烈等问题；而在偏远地区或经济欠发达地区，学生接触到创意美术教育的机会则更为有限，这种不均衡的资源配置限制了创意美术教育的全面发展。

（二）教育体制和评价体系需要改革

传统的教育体制和评价体系偏重于对学科知识的考核，忽视了创意和审美能力的培养。当前的教育评价体系更注重考试成绩和学科排名，而忽略了学生的创意和艺术表现能力。这种评价体系的不合理限制了创意美术教育的发展，导致学生在审美能力和创作能力上得不到有效培养。因此，创意美术教育需要在教育体制和评价体系上进行改革，需要更加注重学生的创意和审美能力的培养，提高评价的多样性和灵活性。

(三)师资队伍结构不合理,缺乏专业化、国际化的教育人才

创意美术教育的师资队伍结构不够合理,存在着师资水平参差不齐、专业化程度不足的问题。一些地区或学校缺乏具有专业化、国际化视野的优秀教育人才,这导致了教学质量的参差不齐和创意美术教育的水平不高。同时,缺乏具有国际视野和跨文化交流能力的教育人才也限制了创意美术教育在国际上的影响力和竞争力。因此,创意美术教育需要加强师资队伍建设,提升教师的专业水平和国际化素养,以更好地适应时代发展的需要。

二、当前创意美术教育的机遇

(一)社会对创意美术教育的重视程度提高

1. 政府对创意美术教育的政策扶持

在文化产业不断崛起的背景下,政府开始重视创意美术教育的重要性,出台了一系列政策,支持和促进创意美术教育的发展。这些政策涵盖了从基础教育到高等教育的各个层面,包括拨款支持、建立艺术教育基地、推动课程改革等方面。政府的政策扶持为创意美术教育提供了强有力的保障和支持。

2. 企业对创意美术教育的投入与合作

随着企业对创意产业的日益重视,越来越多的企业开始与学校和机构合作,共同推动创意美术教育的发展。一方面,企业通过捐赠、赞助等方式向学校提供资金和资源,支持学校开展创意美术教育项目。另一方面,企业也积极参与到教育教学活动中,提供实践机会、导师支持等,促进学生的实践能力和就业机会。

3. 社会组织的参与推动

除了政府和企业,各种社会组织也积极参与到创意美术教育中来。这些组织包括非营利机构、艺术团体、文化交流组织等,它们通过举办展览、比赛、讲座等形式,为学生提供展示和交流的平台,激发学生的创作激情和创新能力。同时,社会组织还可以发挥自身的资源和人才优势,为创意美术教育提供更多的支持和帮助。

（二）科技与创意美术的融合发展

1. 数字艺术的崛起与教育应用

随着信息技术的飞速发展，数字艺术成为创意美术教育的新热点。数字艺术不仅为学生提供了更广阔的创作空间和表现形式，还可以通过虚拟现实、增强现实等技术，提升学生的沉浸式体验。在教学实践中，教师可以结合数字艺术的特点，设计更具创意和趣味性的教学内容，激发学生的学习兴趣和创造力。

2. 虚拟现实技术在创意美术教育中的应用

虚拟现实技术为创意美术教育带来了全新的教学模式和学习体验。通过虚拟现实设备，学生可以身临其境地进行艺术创作，感受到更真实、更直观的艺术表现方式。教师可以利用虚拟现实技术，打破传统的教学限制，开展更加丰富多彩的教学活动，提升学生的创作技能和艺术修养。

3. 人工智能技术与创意美术教育的结合

人工智能技术的发展为创意美术教育带来了更多的可能性。通过人工智能算法的支持，学生可以更快地获取到艺术作品的相关信息和背景知识，从而更好地理解和欣赏艺术作品。同时，人工智能还可以通过智能辅助设计工具等方式，提升学生的创作效率和质量。

（三）跨学科教育理念的兴起

1. 艺术与科学的融合

随着跨学科教育理念的兴起，艺术与科学的融合成为创意美术教育的重要方向。在课程设置和教学方法上，学校开始将艺术与科学知识相结合，培养学生的跨学科思维和创新能力。例如，通过艺术创作来表现科学原理，或者通过科学实验来启发艺术灵感。

2. 艺术与工程的交叉

在跨学科教育的推动下，艺术与工程领域的交叉越来越频繁。学校和机构开始开设艺术工程类专业，培养具有艺术创造力和工程实践能力的复合型人才。这些人才不仅具备艺术设计的能力，还懂得工程制造的技术，能够参与到产品设计、城市规划等领域的实践中。例如，可以参与到建筑设计中，结合艺术审美和工程技术，打造同时具有创意和功能性的建筑作品；或者参与到产品设计中,将艺术设计与工程制造相结合,打造出更具创新性和竞争力的产品。

3. 艺术与人文的交融

跨学科教育也促进了艺术与人文学科之间的交融与合作。艺术作为一种表达形式,与人文学科有着天然的联系,两者相互渗透、相辅相成。学校可以通过开设跨学科的课程或项目,让学生在艺术创作中融入人文精神,通过在文学、哲学、历史等人文领域获得的启发,提升审美情操和人文素养。

第二节　提出未来创意美术教育发展的战略方向与建议

一、改革教育体制

(一)构建创意美术教育评价体系

1. 传统教育评价体系的局限性

当前的教育评价体系主要以考试成绩和学科成绩为核心,而忽视了对学生创意表现和实践能力的全面评价。这种评价体系过于偏重知识和技能的传授,而忽视了学生的创造力、审美能力和实践能力等方面的发展,与创意美术教育的特点不相适应。

2. 建立以培养创新能力为核心的评价体系

未来的创意美术教育需要建立以培养创新能力为核心的评价体系。这包括设计多元化的评价方式,如作品展示评审、实践项目成果评价、学生自我评价等。通过这些评价方式,可以更全面地了解学生的创新能力,促进其全面发展。

3. 推动教育评价理念的转变

为了建立更适应创意美术教育的评价体系,需要推动教育评价理念的转变。这包括从注重结果向注重过程的转变,从传统的量化评价向更加注重质性评价的转变。同时,要注重评价的多样性和灵活性,充分考虑学生的个性差异和发展需求,促进其个性化成长和发展。

（二）加强政策支持与投入

1. 加大对创意美术教育的政策支持

政府应加大对创意美术教育的政策支持力度，制定相关政策法规，明确创意美术教育的地位和发展方向。这包括加大教育经费投入、建立专项资助项目、推动教育资源的公平分配等，为创意美术教育的发展提供政策保障和资源支持。

2. 完善管理体制和监督机制

为了确保政策支持和投入的有效实施，需要建立健全的管理体制和监督机制。这包括建立创意美术教育的管理部门或机构，明确责任分工和管理权限，加强对教育资源的监督和管理，确保资源的有效利用和公平分配。

3. 加强国际交流与合作

政府、学校以及机构还应加强与国际社会的交流与合作，借鉴国外先进的创意美术教育理念和经验。这包括加强国际合作项目、举办国际性的学术交流活动、吸引国际优秀教育资源等，促进创意美术教育的国际化发展，提升其国际竞争力和影响力。

（三）推动教育改革

1. 推动课程改革和教学方法创新

为了适应创意美术教育的需求，需要推动课程改革和教学方法创新。这包括设计更具前瞻性和创新性的课程体系，注重学科间的跨界融合，培养学生的综合素质和创新能力。同时，要探索符合创意美术教育特点的教学方法，如项目制教学、跨学科教学等，提升教育教学质量和效果。

2. 加强师资队伍建设与培训

教师是创意美术教育的重要力量，加强师资队伍的建设与培训是十分重要的。这包括提高教师的专业素养和教育能力，加强教师的教育理论和教学方法培训，提升其教学水平和创新能力。同时，要注重教师的个性发展和职业成长，激发其教学热情和创造力。

3. 加强学生个性发展和创新能力培养

创意美术教育的目标是培养学生的创造力和创新能力，重点是学生个性发展和自主学习能力的培养。这包括提供个性化的学习环境和资源支持，鼓励学生参与创意实践和项目实践，培养其独立思考和解决问题的能力，激发其创新潜力和创意表现。

二、优化教育资源

（一）加大投入力度

1. 资金投入的重要性

在创意美术教育中，资金是支持教育活动、购买艺术材料和设备、建设教育基础设施等方面不可或缺的资源。因此，政府和相关机构应当加大对创意美术教育的资金投入力度，确保教育资源的充足供给。

2. 提高教育资源配置的公平性和效率

资金投入应当注重提高教育资源配置的公平性和效率。这意味着要关注教育资源的均衡分配，特别是要关注农村和贫困地区的教育资源配置，保障这些地区的学生也能够享受到优质的创意美术教育。同时，要加强对资金使用的监督和评估，确保资金的有效利用。

3. 教育资源的多元化投入

除了资金投入外，还应当注重其他方面的教育资源投入，如场地、设备等。特别是要加大对艺术设备和器材的投入，从而提升教学实践的条件和效果。同时，还要注重学习环境和教育基础设施建设，为学生提供良好的学习和创作条件。

（二）建立多层次、多样化的教育体系

1. 面向不同层次和需求的教育体系

创意美术教育应当建立多层次、多样化的教育体系，以满足不同层次和不同需求的学生的教育需求。这包括从基础教育到高等教育的各个层次，从传统学校教育到社会艺术培训机构的各种形式，为学生提供更加丰富多样的学习平台和培养机会。

2. 发展各类艺术培训机构和社会艺术团体

除了传统的学校教育外，还可以发展各类艺术培训机构和社会艺术团体，为学生提供更广泛的艺术教育资源。这些机构和团体可以结合地区文化特色和学生需求，开展丰富多彩的艺术活动和项目，为学生提供更多元化的

学习体验和培养机会。

3. 注重个性化教育和自主学习

在建立多层次、多样化的教育体系时，还应注重个性化教育和自主学习。这意味着要允分考虑学生的个性特点和学习需求，提供个性化的学习计划和指导，鼓励学生根据自己的兴趣和能力进行自主学习和创作，激发其学习的主动性和创造性。

三、提升师资水平

（一）培养专业化师资队伍

1. 创意美术教育的特殊性

创意美术教育要求教师具备一定的专业素养和教学经验，才能更好地引导学生发挥创造力。传统的教师培训体系可能无法满足创意美术教育的教学需求，因此，需要专门培养一批具有专业素养的教师。

2. 建立创意美术教育师范专业

为了培养专业化的创意美术教育师资队伍，可以设立创意美术教育师范专业。这种专业设置将针对创意美术教育的特点和需求，提供系统的专业知识和教学技能培训，培养具有良好专业素养的教师。

3. 开展教师培训项目

除了设立创意美术教育师范专业外，还可以开展各类教师培训项目，为在职教师提供专业化培训机会。这些培训项目可以包括课程设计、教学方法、艺术技能培训等内容，帮助教师提升教学水平和专业素养，更好地适应创意美术教育的需求。

（二）加强教师培训和学术交流

1. 举办专业培训班

为了提升教师的教学水平和专业素养，可以定期举办专业培训班。这些培训班可以邀请相关领域的专家学者和资深教师进行授课，就教学理念、教学方法、课程设计等方面进行深入探讨，帮助教师更好地理解和应用创意美术教育的理念和方法。

2. 组织学术研讨会

学术研讨会是教师学习和交流的重要平台，可以促进教师之间的学术交流和经验分享。可以邀请国内外的专家学者和业界人士进行学术交流和研讨，就创意美术教育的前沿理论和实践经验进行深入探讨，为教师提供更广阔的学术视野和专业发展空间。

3. 开展教学观摩活动

教学观摩活动是教师学习和成长的有效途径，可以通过观摩其他教师的教学课程，学习其成功的经验和教学方法。学校可以组织教师走进其他学校或艺术机构，观摩他们的教学课堂，借鉴其成功经验，提升自身的教学水平和创新能力。

第三节　探讨创意美术教育与未来社会发展趋势的关系

一、创意经济崛起

（一）创意经济的定义与特点

1. 创意经济的概念界定

创意经济是指以知识、创意和文化产品为核心的经济活动，涵盖了设计、文化创意产业、数字创意产业等领域。它强调创造力、创新性和文化价值在经济发展中的重要性，是一种基于知识与文化资产的经济形态。

2. 创意经济的特点

创意经济具有以下几个显著特点：

第一，高附加值。创意产品和服务往往具有较高的附加值，因为它们蕴含着独特的文化内涵，能够为消费者带来独特的体验。

第二，创新性强。创意经济以创新为驱动力，强调不断地提供新的文化产品和服务，满足人们不断增长的文化消费需求。

第三，产业链长。创意经济涵盖了广泛的产业领域，包括设计、广告、影视、音乐、游戏等多个行业，形成了庞大而复杂的产业链条。

第四，文化引领。创意经济不仅是经济活动，更是文化的表达和传播。创意产品和服务往往承载着特定的文化内涵，能够促进文化交流和文化多样性的发展。

（二）创意美术教育对创意经济的贡献

1. 培养创意人才

创意美术教育通过培养学生的创造力、审美能力和实践能力，为创意经济提供了源源不断的人才支持。学生在创意美术教育中接受系统的教育，具备了较强的创作能力，成为创意产业所需的优秀的创意人才。

2. 推动创新产业创业

创意美术教育培养学生的创新精神和创业意识，鼓励他们在艺术创作和设计领域进行自主创业和创新实践。学生在校期间可以参与各类创意项目和比赛，锻炼创意思维和实践能力，为将来进入创新产业做好准备。

3. 促进文化产业发展

创意美术教育为文化产业的发展提供了坚实的人才基础。学生通过创意美术教育提高了文化素养和审美能力，能够在之后从事影视制作、游戏设计、艺术展览等多种文化产业工作取得高质量成果，推动文化产业的蓬勃发展。

（三）创意美术教育的发展与创意经济的关系

1. 教育内容与产业需求的对接

创意美术教育的发展需要与创意产业密切结合，根据产业需求调整教学内容和方法，培养更适应创意经济发展需要的人才。教育机构可以与创意产业企业建立合作关系，开设相关课程和项目，使学生能够及时掌握行业动态和技术要求。

2. 创意人才培养与产业创新驱动的互动

创意美术教育的发展与创意经济密切相关，两者相互促进、相互依存。创意人才的培养为创意经济的发展提供了源源不断的人才支持和创新动力，而创意经济的繁荣又为创意美术教育提供了更广阔的就业和发展空间。

3．人才培养与创意产业结构优化的协同作用

创意美术教育的不断发展与完善将推动创意产业结构的优化和产业链的升级。通过培养更多具备高水平艺术素养和创新创业能力的人才，创意产业将更加蓬勃发展，形成更加完善的创意产业生态系统。

二、科技与艺术融合

（一）科技与艺术融合的趋势

1．科技与艺术融合的背景

科技与艺术的融合是当代社会发展的必然趋势。随着科技的不断进步和应用，人们对艺术表现形式和创新手法的需求也在不断增加。因此，科技与艺术的融合已经成为艺术创作和表现的重要方向之一。

2．数字艺术的兴起

数字艺术作为科技与艺术融合的一个重要方面，已经成为当代艺术领域的热门话题。通过对数字技术的运用，艺术家可以创造出更加丰富多彩、形式多样的艺术作品，增强了艺术的表现空间。

3．虚拟现实的应用

虚拟现实技术的发展为艺术创作提供了全新的表现方式，推动了艺术观念和表现形式的创新。艺术家可以利用虚拟现实技术创作出身临其境的艺术作品，使观众能够沉浸其中，获得身临其境的艺术体验。

4．人工智能与艺术创作

人工智能技术的发展也为艺术创作带来了新的可能性。通过对人工智能算法的运用，艺术家可以创作出具有独特风格和创意的艺术作品，拓宽了艺术创作的边界，引发了艺术与科技的深度对话。

（二）创意美术教育的应对策略

1．将科技元素融入教学内容

创意美术教育应当积极将科技元素融入教学内容，将科技与艺术融合的理念融入课程体系。教师可以结合实际案例，介绍科技在艺术创作中的应用，激发学生的兴趣和创造力，拓宽他们的艺术视野。

2. 开设数字艺术、虚拟现实等相关课程

创意美术教育机构可以开设数字艺术、虚拟现实等相关课程，为学生提供掌握科技创新和艺术创作技能的机会。这些课程可以包括理论探讨、实践操作等多种形式，帮助学生掌握科技工具和技术，增强他们的创作能力。

3. 培养学生科技创新的意识和技能

创意美术教育应当注重培养学生科技创新的意识和技能，使他们具备运用科技手段进行艺术创作的能力。学生可以通过参与科技创新项目、实践操作等方式，掌握科技工具的使用技巧，提升自己的科技创新能力。

（三）科技与艺术的交叉领域

1. 生物艺术

生物艺术是科技与艺术融合的一个交叉领域，将生物学和艺术创作相结合，探索生命、自然与科技之间的关系。创意美术教育可以引导学生深入了解生物艺术的理念和技术，培养他们对生命与科技的审美感知和创作能力。

2. 智能穿戴

智能穿戴是科技与艺术的又一交叉领域，将智能科技与服装设计相结合，创造出具有科技感和艺术美的智能穿戴产品。创意美术教育可以引导学生关注智能穿戴领域的发展趋势，探索智能科技在服装设计中的应用，培养他们的跨界创新能力。

三、文化多样性

（一）文化多样性的重要性

1. 人类文明的重要特征

文化多样性是人类文明的重要特征之一，反映了不同地域、民族、国家和社会群体的文化传统、历史积淀和生活方式。不同文化背景下的艺术表现形式和审美均有不同，这为人类社会的发展和进步注入了源源不断的活力和创造力。

2. 推动文化交流与艺术创新

在全球化的背景下，文化多样性的保护和促进对于推动文化交流与艺术创新至关重要。不同文化之间的交流与对话，可以促进艺术思想的碰撞和交融，激发艺术创作的灵感和创新，推动艺术领域的发展和进步。

3. 促进社会和谐与发展

文化的多样性有助于促进社会和谐与发展。尊重和保护不同文化的权利和利益，可以增进不同社会群体之间的理解和沟通，减少文化冲突和分歧，为社会的稳定和繁荣创造良好的条件。

（二）文化多样性与创意美术教育相结合的影响

1. 拓宽艺术视野

创意美术教育应当关注和尊重不同文化背景下的艺术表现形式和审美。学校可以通过引入多元文化课程、举办文化艺术展览等方式，让学生了解和体验不同文化的艺术魅力，拓宽他们的艺术视野。

2. 促进文化交流与艺术创新

学校可以通过组织跨文化交流与合作项目、举办国际性的艺术交流活动等方式，促进不同文化之间的艺术交流与合作，推动艺术创新和跨文化沟通。学生可以借鉴不同文化的艺术理念和创作技巧，丰富自己的艺术创作思路和方法。

3. 培养跨文化交流能力

创意美术教育应当注重培养学生的跨文化交流能力，使他们具备在跨文化环境下进行艺术创作和合作的能力。学校可以通过开设跨文化交流课程、组织国际交流项目等方式，提升学生的文化适应能力和跨文化交流沟通技巧，使他们成为具有全球竞争力的创意型人才。

（三）文化多样性对创意美术教育的启示

1. 推动教育全球化

在当今全球化的发展背景下，学校应当积极参与国际交流与合作，以应对全球化的挑战和机遇。在这个过程中，创意美术教育可以通过各种方式来促进全球范围内的学术交流和合作，从而为培养具有国际竞争力的创意人才奠定基础。首先，学校可以通过建立国际交流项目和合作机制来推动教育全球化。这包括与国际艺术学院、美术馆、文化机构等建立合作关系，开展学生交流项目、教师互访交流、联合研究项目等形式的合作。通过与国外的优秀的艺术机构和教育机构合作，借鉴和吸收先进的创意美术教育理念、教学方法和艺术资源，为学生提供更广阔的学习平台和发展机会。其次，可以通过设置国际化课程，优化教学内容，促进创意美术教育全球化。学校可以开设国际化课程，引入国际先进的教育理念和课程设计，为学生提供更加丰富多样的学习内容和学术资源。同时，学校还可以通过开展国际性的学术研讨会、艺术展览、讲座等活动，搭建起国际交流与合作的平台，促进教师之间和学生之间的学术交流与合作。最后，可以通过加强国际合作项目的推广和宣传来促进创意美术教育全球化。学校可以利用各种渠道和平台，如学术期刊、专业网站、社交媒体等，积极宣传和推广国际合作项目的成果和影响，吸引更多的国际合作伙伴参与到创意美术教育的全球化进程中来。同时，学校还可以加强与国际知名艺术家、学者和机构的合作，提升自身的国际影响力和竞争力。

2. 倡导文化自信与开放

文化自信与开放并非对立，而是相辅相成的。在这个全球化的时代，创意美术教育应该以此为指导思想，引导学生在跨文化交流与合作中实现自我成长，增强文化自信，并在文化开放中汲取丰富的艺术养分，推动创意美术教育的不断发展和进步。首先，文化自信是创意美术教育的基石。学生应该被引导、鼓励去了解和认识自己所属文化的独特性和多样性，尊重和保护我国优秀的传统文化，深入了解我国的文化历史、传统、价值观念和艺术表现形式，树立对本土文化的自信心，并从中汲取创作灵感和力量。同时，学校也应该开展丰富多彩的文化活动，为学生提供展示和发展自身文化特色的机会，促进文化传承和创新。其次，文化开放是创意美术教育的必然选择。在尊重和保护本土文化的同时，我们也应该向世界敞开心扉，积极吸收和借鉴其他国家、民族文化的优秀成果。这包括学习和借鉴国外艺术家的创作技巧、艺术理念和审美观念，以及参与国际性的艺术交流与合作项目，拓宽学生的艺术视野和创作思路，促进艺术创新和发展。最后，文化自信与开放应该在创意美术教育的各个环节得到体现。学校可以通过调整课程设置、更新教学内容、举办文化艺术活动等方式，营造积极向上、自信开放的文化氛围，激励学生充分发挥自己的创造力和想象力，创作出具有个人风格和文化特色的优秀作品。

参考文献

[1] 陈鹤琴.陈鹤琴教育文集：下卷[M].北京：北京出版社，1983.

[2] 顾书明.课程设计与评价[M].南京：南京大学出版社，2015.

[3] 杜玫.幼儿美术与创造性思维发展[M].北京：北京科学技术出版社，2006.

[4] 黄威.美术欣赏在中职学校美术教学中的运用探析[J].教育教学论坛，2017（8）：84-86.

[5] 董佳文.浅谈职业学校美术教育中的美术欣赏课教学法[J].美术教育研究，2016（10）：134-135.

[6] 王英莉.民办高校美术欣赏课程教学改革研究：以重庆人文科技学院为例[J].美术教育研究，2018（11）：121-123.

[7] 张茹.中学美术教学中思维导图的应用策略[J].美术教育研究,2018(06).

[8] 张艺红.浅析初中美术课如何用思维导图培养学生的艺术思维[J].美术教育研究，2015（20）：115.

[9] 宋爱慧.新课改背景下高校美术教育教学模式创新研究[J].内蒙古教育，2018（10）：84-85.

[10] 马英男.浅析我国高校美术教育中现存问题与应对措施[J].艺术评鉴，2017（16）：142-143.

[11] 葛月.论高校美术基础教学与创作意识的培养建议[J].现代经济信息，2019（34）：448-449.

[12] 牛望西.刍议美学素养的提高与高校艺术教育实践[J].西部大开发：中旬刊，2012（03）：108，111.

[13] 钟英.高校美术教学中学生人文素养提升策略研究[J].长江丛刊，2019（30）：123，147.

[14] 唐恭俭.通过意识形态培养提高应用型高校美术专业学生专业能力

及素养 [J]. 美术教育研究，2018（12）：171，173.

[15] 陶依洋. 审美视域下高校美术专业油画审美教育探析 [J]. 天津美术学院学报，2017（09）：107-108.

[16] 李立红. 浅谈美术鉴赏课对大学生审美素养能力的培养 [J]. 美术界，2014（06）：96.

[17] 龚虹晔. 将幼儿创意美术活动融入课程教学的可行性讨论 [J]. 读与写，2016（04）：230.288.

[18] 成蕾. 浅谈幼儿创意美术游戏活动融人园本课程教学实践 J. 才智，2020（05）：69.

[19] 杨景芝. 谈儿童美术教育 [J]. 中国美术，2014（10）：10-11.

[20] 王春哲. 幼儿创意美术教育的研究与思考 [J]. 才智，2019（04）：111.

[21] 张振平，刘文英. 创设支持性活动环境的探索 [J]. 学前教育研究，2004（04）：24-25.

[22] 金凡. 幼儿园创意美术活动的组织与实施 [J]. 课程教育研究，2018（02）：194-195.

[23] 赵伟娜. 幼儿园创意美术教育活动中存在的问题 [D]. 内蒙古师范大学，2020.

[24] 张宇洁. 幼儿园创意美术教学现状及其策略研究 [D]. 河北师范大学，2018.

[25] 郑昕. 幼儿园大班教师改进幼儿创意美术活动的行动研究 [D]. 云南师范大学，2020.

[26] 贺领会. 校外5—6岁儿童创意美术课程实施研究 [D]. 山东师范大学，2016.

[27] 程清清. 教师支持行为对幼儿学习品质影响的实验研究 [D]. 沈阳师范大学，2017.

[28] 于妍妍. 中师学前教育专业"创意美术"活动研究 [D]. 辽宁师范大学，2014.

[29] 欧阳慧霖. 创意美术活动在幼儿园的主题教学研究 [D]. 信阳师范学院，2015.

[30] 白雪. 建构区中教师对幼儿的支持性策略研究 [D]. 哈尔滨师范大学，2018.